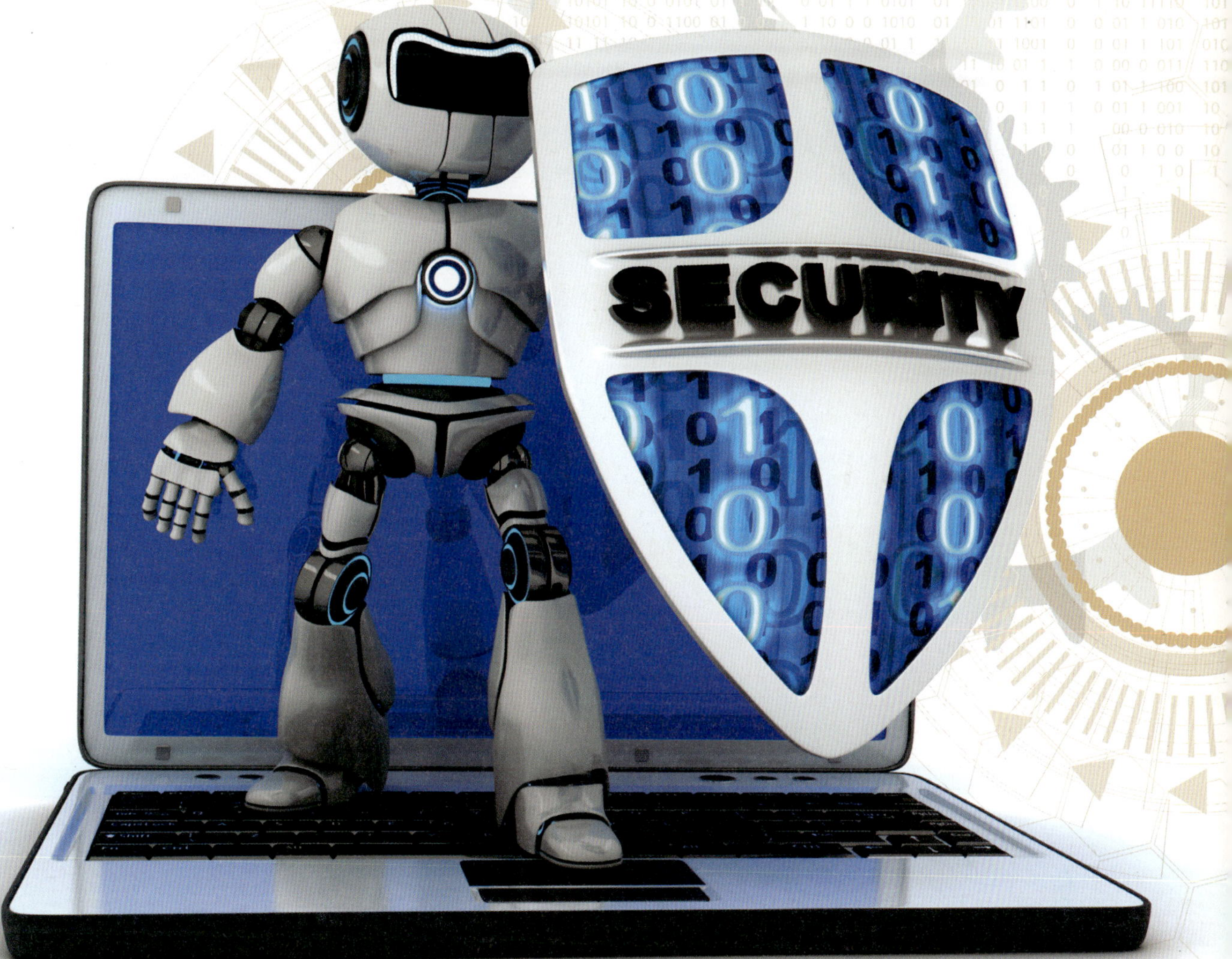

내 PC를 지켜줘

내 PC를 보호하기 위한 분석도구 깨우치기

양진석 · 엄정호 · 김인중 · 정태명 지음

홍릉과학출판사

머리말

이 책은 악성코드를 분석하는 전문가들을 위한 도서가 아니다. 이 책은 정부부처, 공공기관 전산 및 보안 담당자, 악성코드 분석을 할 수 없는 환경에 있거나 분석을 이제 막 시작하는 분들을 위해 집필하였다.

보안 회사에 재직 중이거나 보안 관련 연구소에서 연구를 하는 분들의 경우 보안 기술을 계속 접할 수 있어 그 분야의 지식을 깊게 공부할 수 있는 반면에 정부부처 및 공공기관 전산 및 보안 담당자의 경우 주기적으로 이동을 하거나 업무가 바뀌는 등 보안 관련 지식을 깊게 쌓을 수 있는 환경이 아니다. 최근에는 보안 관련 법, 제도가 제정되고 CISO(최고정보보호책임자) 직책이 생기는 등 많은 변화가 있지만 현실은 그렇게 녹록하지 않다.

이 책을 집필한 첫 번째 목적은 이렇게 힘든 현실을 헤쳐가고 있는 정부부처 및 공공기관의 전산 및 보안담당자 분들에게 조금이라도 도움을 주고자함이다.

저자는 정부부처 및 공공기관의 전산 및 보안담당자가 악성코드를 직접 상세하게 분석하는데 한계가 있다고 생각한다. 이는 담당자들의 능력에 좌우되는 것이 아니라 악성코드를 분석하는 상황이나 환경이 되지 않는다고 본다. 이렇듯 정부부처 및 공공기관의 담당자들이 악성코드를 분석하지 못하는 환경이지만 악성코드를 식별만이라도 할 수 있다면 업무에 큰 도움이 되리라 생각한다. 그래서 필자는 이 책의 핵심 내용을 악성코드 분석이 아닌 식별로 초점을 맞추었다.

이 책을 집필한 두 번째 목적은 이제 막 분석을 시작하는 분들에게 쉽게 참고할 수 있는 도서를 제공하고자함이다. 기존의 악성코드 분석 도구에 대한 주제를 다루는 도서는 심도 있는 내용을 다루고 있어 이제 막 분석을 시작하는 분들에게 다소 어려울 수 있다. 이 책은 분석 도구의 화면을 캡처하여 기본적인 메뉴의 기능도 기술하였으며 "도구 빠르게 사용하기", "식별팁"을 포함하고 있어 초보자를 비롯한 보안에 관심 있는 학생들도 쉽게 볼 수 있도록 기술하였다.

이 책은 악성코드 분석에 많이 사용되는 프로세스 모니터링 도구, 네트워크 모니터링 도구, 포렌식 및 복구 도구, 기타 도구, 분석 자동화 도구 등 18개의 도구를 기술하고 있으며 책에서 기술된 도구들은 무료로 다운로드 받을 수 있는 도구만을 사용하였다. 이는 다음과 같은 이유가 있다.

정부부처 및 공공기관의 전산 및 보안담당자의 경우 담당하는 업무도 많은데 해킹 사고가 발생하면 난감하기 그지없다. 저자는 정부부처 및 공공기관의 전산 및 보안담당자가 해킹으로 의심되는 사고가 발생했을 경우 본 도서에서 기술한 악성코드 식별 도구를 구매절차 없이 무료로 내려 받고 빠르게 악성코드를 식별, 초동조치한 후 상세한 분석은 전문가에게 맡기는 절차가 합리적이라고 생각한다. 물론 악성코드 식별도 어렵다. 그러나 정부부처 및 공공기관의 전산 및 보안담당자가 이 책을 참고해서 최대한 식별 및 조치하고 보안 사고의 확대를 막는다면 개인적, 국가적으로 많은 도움이 될 것으로 확신한다.

부탁드릴 것은 이 책을 보시고 내용이 부족하다고 느끼시는 것들이나 추가되어야할 무료 도구가 있다면 "jsyang@nsr.re.kr"으로 메일을 보내주시면 검토하여 최대한 반영할 것을 약속드린다.

이 책의 발간을 위해 관심과 지원을 아끼지 않은 홍릉과학출판사 관계자 여러분들께 감사의 말씀을 드리며, 집필에 도움을 주신 사이버안전훈련센터 훈련담당 교수님들께 감사의 말씀을 전합니다.

마지막으로 저를 위해 항상 기도해주시는 부모님과 책을 끝까지 집필할 수 있도록 동기부여해 준 나의 아내 현지, 자녀 승주, 주하에게 고마운 마음을 전합니다.

대표 저자 양진석

차례

내 PC를 지켜줘

1

개요

제1절 개요

1980~90년대의 악성코드는 전파속도가 매우 느렸지만 2000년대에는 네트워크 환경이 발전하면서 몇 시간 만에 수천~수만 대의 컴퓨터가 감염되는 등 전파 속도가 매우 빨라졌다. 또한 악성코드의 악성 행위도 단순한 자료 삭제에서 현재는 자료 유출, 시스템 파괴 등 그 피해범위도 매우 커졌다.

피해규모가 크고 빠르게 전파되는 최근 악성코드의 특성 상 이를 빠르게 탐지하는 것이 가장 중요하다. 악성코드는 IPS, NAC 등 기존의 정보보호시스템으로도 다수 탐지 가능하지만 문제는 이를 사람(관리자 혹은 사용자)이 인지 · 식별하지 못하는데 있다. 또한 네트워크 레벨에서 인지했다 할지라도 시스템 레벨에서 식별하지 못하는 경우도 많다.

본 도서는 PC(시스템 레벨)에서 사용하는 18종의 악성코드 분석 도구를 활용하여 감염된 악성코드를 빠르게 식별하는 것을 최우선 목적으로 기술하였다.

현재까지 악성코드 분석과 관련된 도서는 많이 출판되었다. 이러한 도서들은 대부분 숙달된 전문가가 되기를 원하는 사람들을 위한 책이다. 반면에 본 도서에서 기술하는 내용은 악성코드의 빠른 식별을 위해 분석도구를 어떻게 활용하는지를 기술하였다.

악성코드가 빠르게 식별되면 이에 대한 차단 등의 빠른 초동조치도 가능하여 피해를 최소화할 수 있다. 또한 기술한 도구를 잘 활용하면 식별뿐만 아니라 대략적인 행위 분석도 가능하다.

제2절 구성

1.1 구성

본 도서는 18종의 악성코드 분석 도구를 기술하고 있다. 도구들은 크게 프로세스 분석 도구, 네트워크 분석 도구, 포렌식 도구 및 기타 도구, 자동화 도구로 나누었다.

각 도구를 기술하기 위한 세부 목차는 크게 악성코드 식별 도구 소개, 악성코드 식별을 위한 도구 기능 설명, 도구 실습 내용을 기술하고 있다. 악성코드 식별 도구 소개는 도구의 정의, 특징, 주요기능 소개, 다운로드 받을 수 있는 URL 주소, 메인화면 메뉴, 주요 기능 등을 기술하였다. 주요 기능의 경우 악성코드 식별 기능 혹은 관련된 기능을 위주로 기술하였으며 식별에 도움이 되는 **"식별팁"**을 넣었다. 또한 도구를 빠르게 사용할 수 있도록 **"도구 빠르게 사용하기"**와 **"식별팁 모음"**을 기술하여 책을 전부 읽지 않고도 편리하게 사용 가능하도록 구성하였다.

도구에 대해 기술한 내용은 프로그램 화면을 캡처하고 해당 기능을 기술하여 초보자나 도구를 전혀 알지 못하는 분들도 따라할 수 있도록 구성하였다.

또한 이 외의 분석 도구를 무료로 제공하는 사이트 정보와 무료로 악성코드 정보를 제공하는 웹사이트를 기술하여 추가적인 정보를 참고할 수 있도록 기술하였다.

1.2 식별팁 및 실습

이 책은 악성코드 식별에 초점을 맞추어서 기술되었다. 악성코드 식별 시 유용하게 사용되는 메뉴나 주의할 점을 적었다. 아래는 Wireshark 사용 시 "식별팁"의 예이다.

식별팁

Drive-by-Download 공격과 같이 웹 페이지에 접속하여 악성코드에 감염되는 경우 패킷을 분석할 필요 없이 Export objects 메뉴를 이용하면 악성코드를 쉽게 샘플링할 수 있다.

이와 같이 각 도구별로 "식별팁"을 기술하였으며 8장에서는 각 도구별 "식별팁"만을 모아두어 "식별팁"만을 빠르게 보기 원하는 분들에게 편리하도록 구성하였다.

도구 실습은 도구를 활용하여 악성코드 식별해 볼 수 있도록 구성하였다. 아래는 "autoruns" 프로그램에 대한 실습이다.

1. 주어진 autoruns 파일(AutoRuns.arn)에 대해서 분석하시오.
   - 윈도우즈 운영체제에 로그온시 실행되는 프로세스명은 무엇인지 모두 답하시오. (XXX.exe 형식으로)

실습 시 주의할 점은 식별 대상이 악성코드이고 실습 중에 감염될 상황을 고려하여 실습 내용을 기술하였지만 사용자가 주의해야할 필요가 있다. 실습 시 시스템에 반드시 백신이 설치돼 있거나 가상화된 환경에서 실습할 것을 권고한다.

1.3 도구 빠르게 사용하기

각 도구별로 악성코드를 빠르게 식별하고자 할 때 메뉴 클릭 순서와 판단 기준을 7장에서 기술하였다.

예를 들면 PC에 악성 코드가 감염되어 있고 이를 빠르게 식별하기 위해서 Process Explorer 도구를 빠르게 사용하는 절차는 다음과 같다.

1. Process Explorer 실행
2. 의심되는 프로세스 더블클릭
3. Image 탭에 Verify 버튼 클릭
4. "(서명을 찾을 수 없습니다.)" 라고 표시되면 악성 코드로 의심

Process Explorer "도구 빠르게 사용하기"를 통해 악성코드로 의심되는 프로세스가 있다면, Autoruns "도구 빠르게 사용하기"를 참고하여 다시 한번 악성코드를 식별할 수 있다.

1. Autoruns 실행
2. 메뉴 → Options
3. Scan Options → Verify code signature, Check virusTotal.com 체크
4. Rescan 클릭
5. Publisher 컬럼과 VirusTotal 컬럼을 참고하여 식별

이와 같이 "도구 빠르게 사용하기"를 활용하여 더 편리하게 악성코드 분석 도구를 사용할 수 있다.

내 PC를 지켜줘

2

프로세스 분석도구

제1절 Process Explorer

1.1 소개

Process Explorer란?

Process Explorer는 sysinternals社(현재 Microsoft에 인수됨)에서 개발한 대표적인 프로세스 분석 도구이다.

특징

Process Explorer 프로세스의 여러 가지 정보를 제공하는 도구로 Super Task Manager(슈퍼 작업관리자)로도 불린다. 이는 윈도우즈 운영체계에서 제공하는 작업관리자의 프로세스 정보보다 더 많은 정보를 제공하기 때문이다. Process Explorer는 비정상적인 프로세스를 파악할 수 있을 뿐만 아니라 보안에 특화된 기능들을 제공하여 악성코드 분석에 많이 사용되고 있다.

많은 도구를 다루지 못하는 담당자의 경우 Process Explorer의 주요 기능만 파악하여 사용해도 악성코드 식별에 큰 도움이 된다.

주요기능 소개

프로세스 서명 검증, VirusTotal 검사 기능, ASLR(Address Space Layout Randomization) 점검 기능, 프로세스에서 로딩하는 DLL 보기 기능, DLL 서명 검증 기능, 프로세스 상세정보보기 기능(Description, Company Name, 프로세스 내 텍스트 보기, 네트워크 연결 정보 보기) 등 다양한 프로세스 정보 및 제어 기능을 제공한다.

다운로드

http://technet.microsoft.com/en-us/sysinternals/bb896653.aspx

메인화면

다음은 주요 메뉴 설명이다.

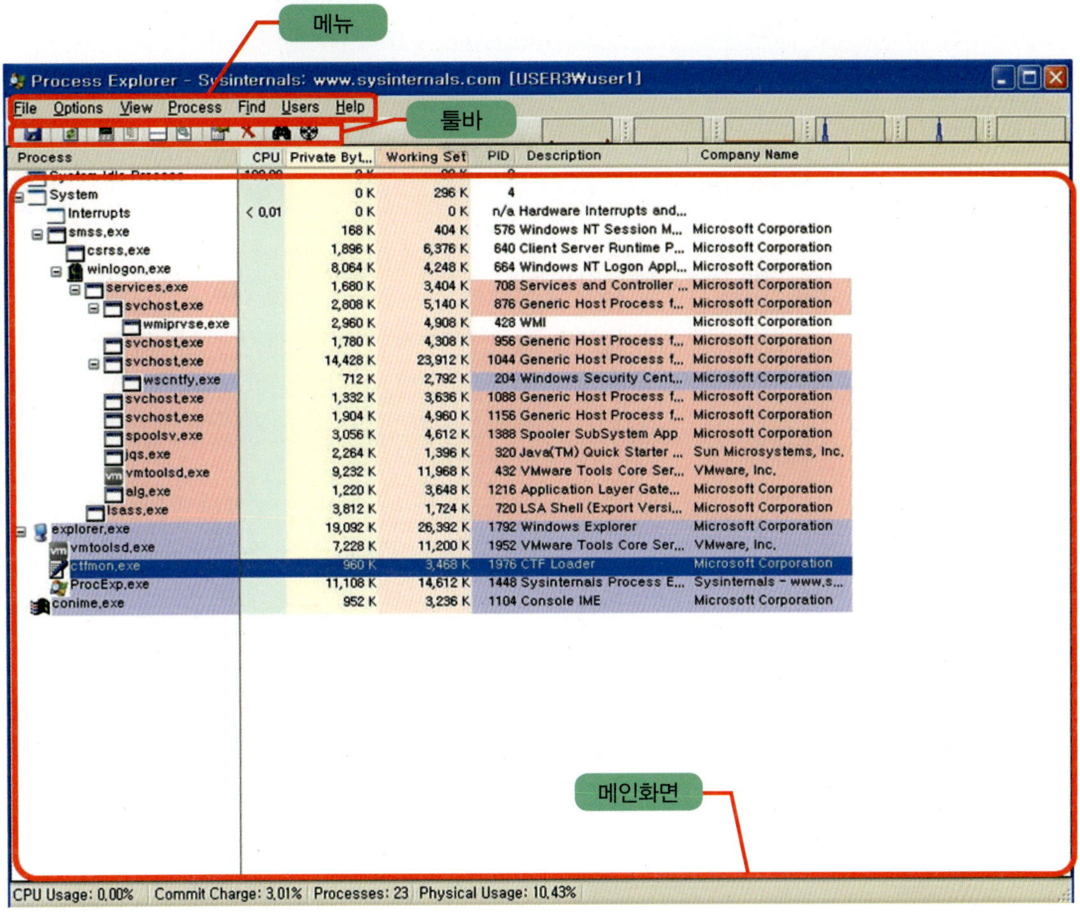

➡ 메뉴: 상태저장, 옵션 설정, 보기 설정, 프로세스 설정, 찾기 기능 등의 메뉴이다.

➡ 툴바: 저장, 프로세스 상세 보기, DLL 보기 등의 자주 사용하는 기능이다.

➡ 메인화면: 프로세스 트리, CPU 사용량, 프로세스 설명, 회사명 등의 정보를 제공한다.

메인화면 설명

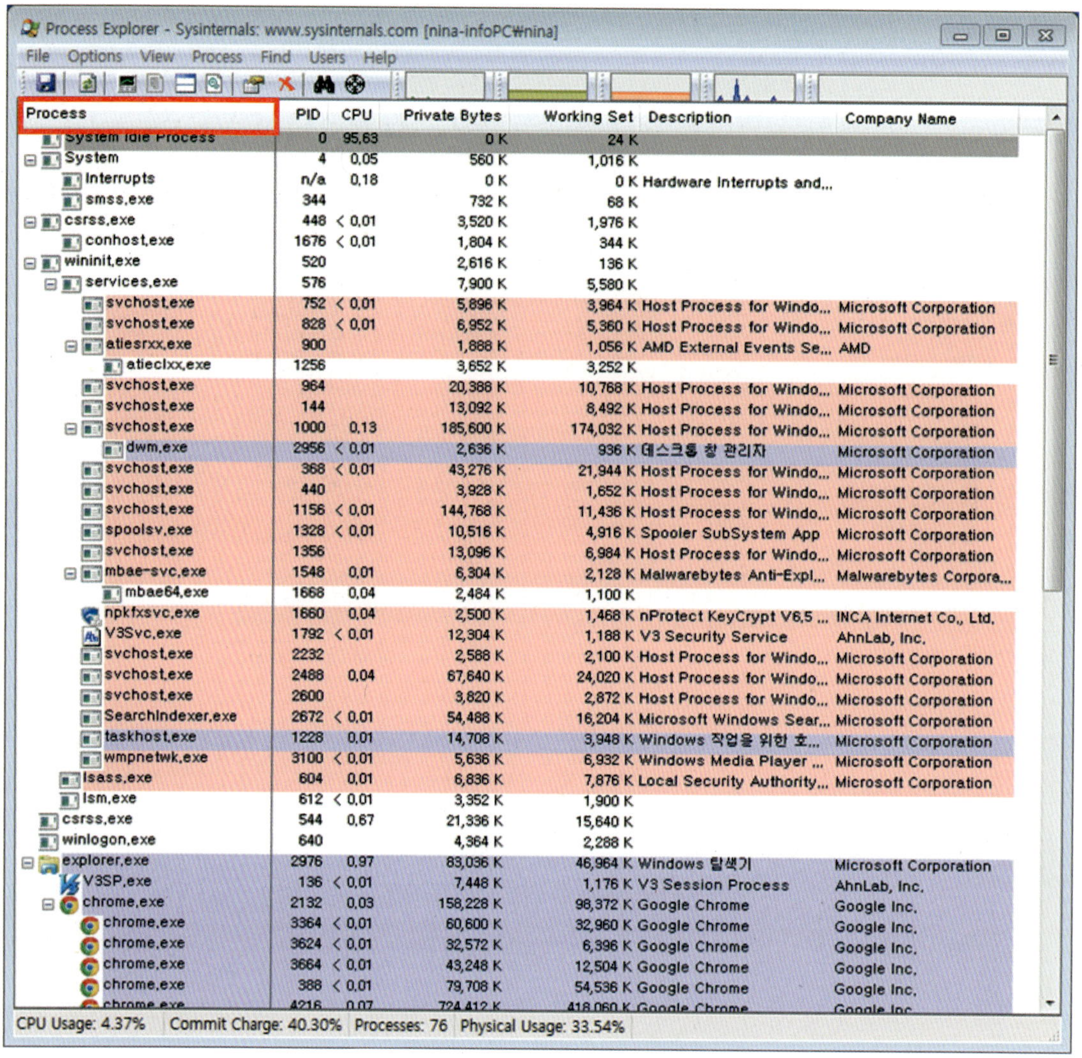

➡ Process 헤더 클릭 시 트리구조로 표현, 알파벳순 표시로 전환이 가능하다.

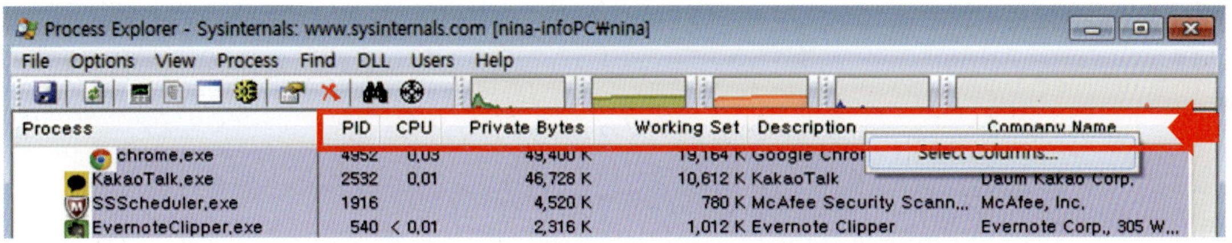

➡ 위의 그림에서 마우스 오른쪽을 클릭한 후 "select columns"을 클릭한다.

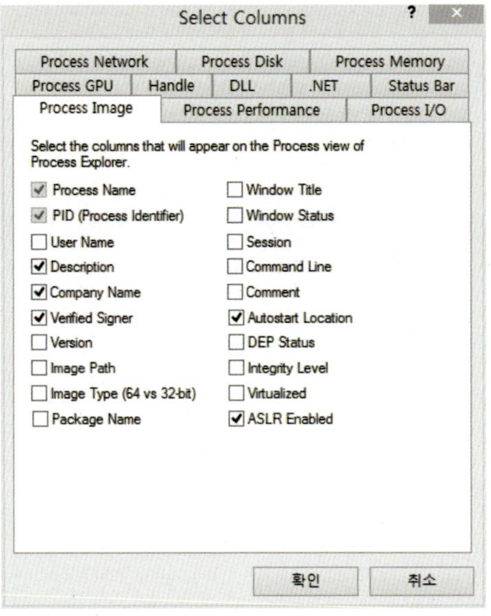

➡ "Process Image" 탭을 선택하면 Company Name, Description, Image Path, Verified Signer, Autostart Location 등의 다양한 프로세스 정보를 선택적으로 볼수 있다.

1.2 주요 기능

프로세스 관리 기능

프로세스를 마우스로 선택한 후, 마우스 오른쪽 버튼 클릭 시 관리 메뉴가 보인다.

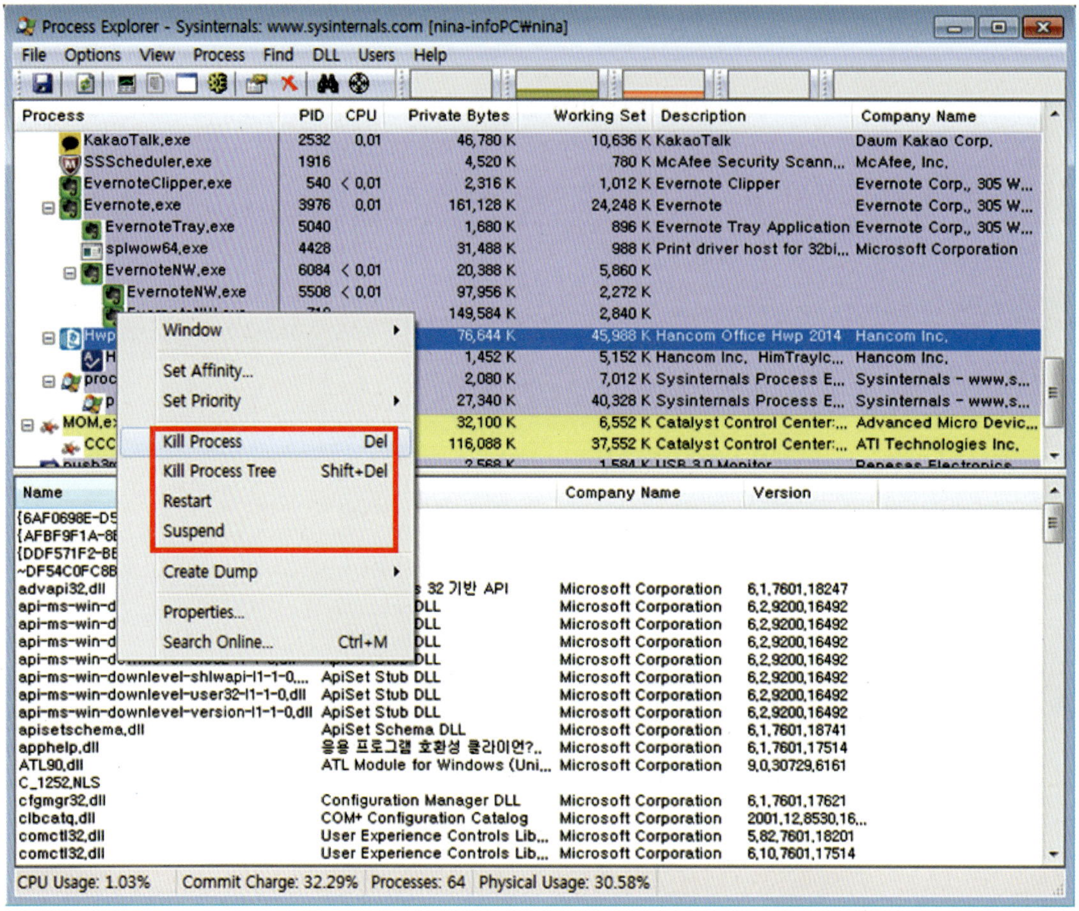

➡ 종료(Kill)/재시작(Restart)/일시정지(Suspend)/재개(Resume) 등의 프로세스 관리 기능을 제공한다.

프로세스 속성

프로세스 마우스로 선택하고 마우스 오른쪽 버튼 클릭 후 "properties"를 클릭하면 프로세스 버전, 성능, 보안, 네트워크 상태 등을 볼 수 있는 기능이다.

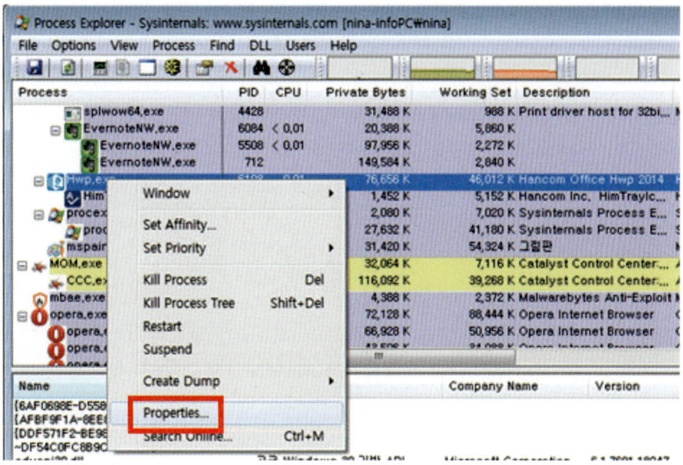

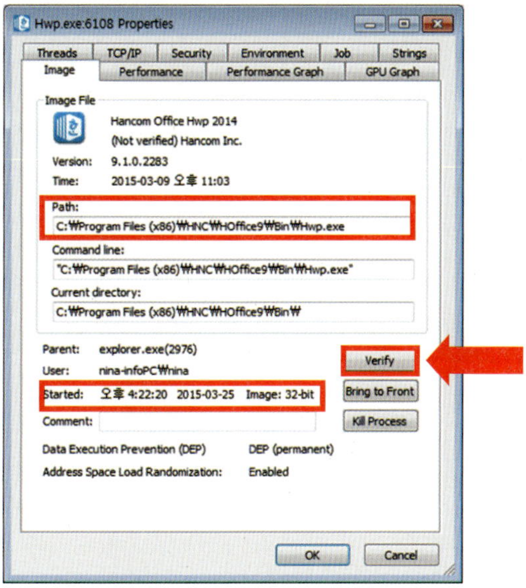

➡ 명령 라인 옵션 정보, 프로세스 시작시간, 프로세스 경로 정보를 제공한다.

➡ "Image" 서명 검증 버튼을 클릭하여 해당 프로세스의 검증 기능을 수행한다.

➡ 서명 검증 버튼을 클릭하여 (Verified)라고 표시되면 서명이 되어 있는 프로세스이다.

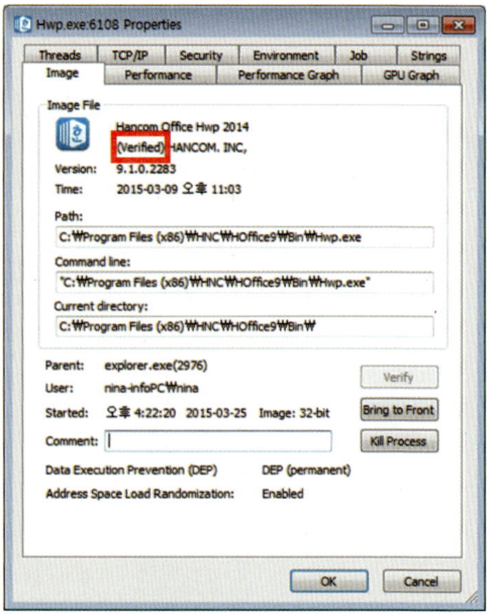

식별팁

프로세스 속성 → Image 탭 → Verify 버튼 클릭 →"(서명을 찾을 수 없습니다)"라고 표시된 서명되지 않은 프로세스는 악성코드로 의심해 볼 수 있다.

문자열 보기

➡ "Strings" 탭을 클릭하면 해당 프로세스의 실행 이미지 또는 메모리상의 스트링 정보 확인 및 저장, 검색 기능을 제공한다.

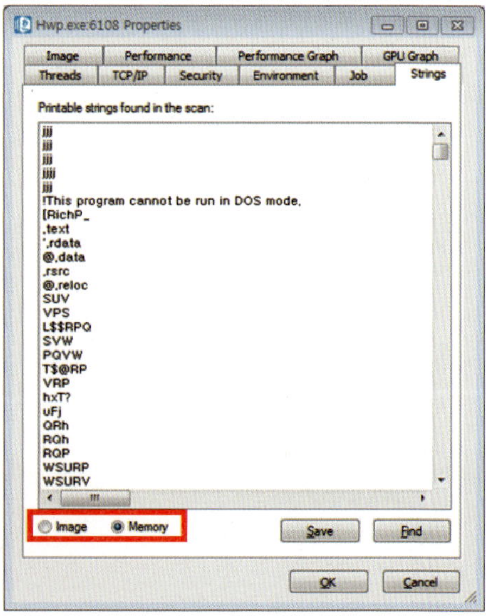

식별팁

String 탭에 표시되는 정보 중 실행파일(.exe) 혹은 다른 형태의 파일을 URLDownloadToFileA() 함수 등을 사용하여 다운로드 받거나 CopyFileA() 함수 등을 이용하여 자동 실행 영역에 복사를 하는 행위 등을 확인하면 악성코드로 의심해 볼 수 있다.

TCP/IP 연결 상태 보기

➡ TCP/IP 탭을 클릭하면 프로토콜, Local, Remote 주소 및 포트와 연결 상태를 볼 수 있다.

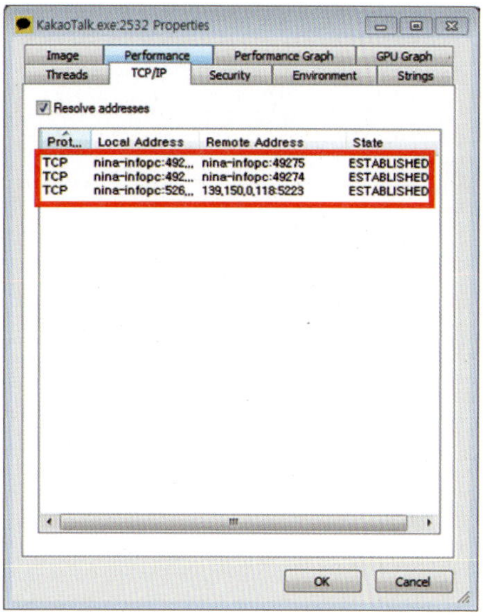

식별팁

C&C 서버와의 통신에 의해 실행되는 악성 코드가 많기 때문에 TCP/IP 탭에 의심되는 혹은 알지 못하는 IP와 통신이 있는 경우 악성코드로 의심해 볼 수 있다.

프로세스에 인젝션된 DLL/Handles 정보 보기

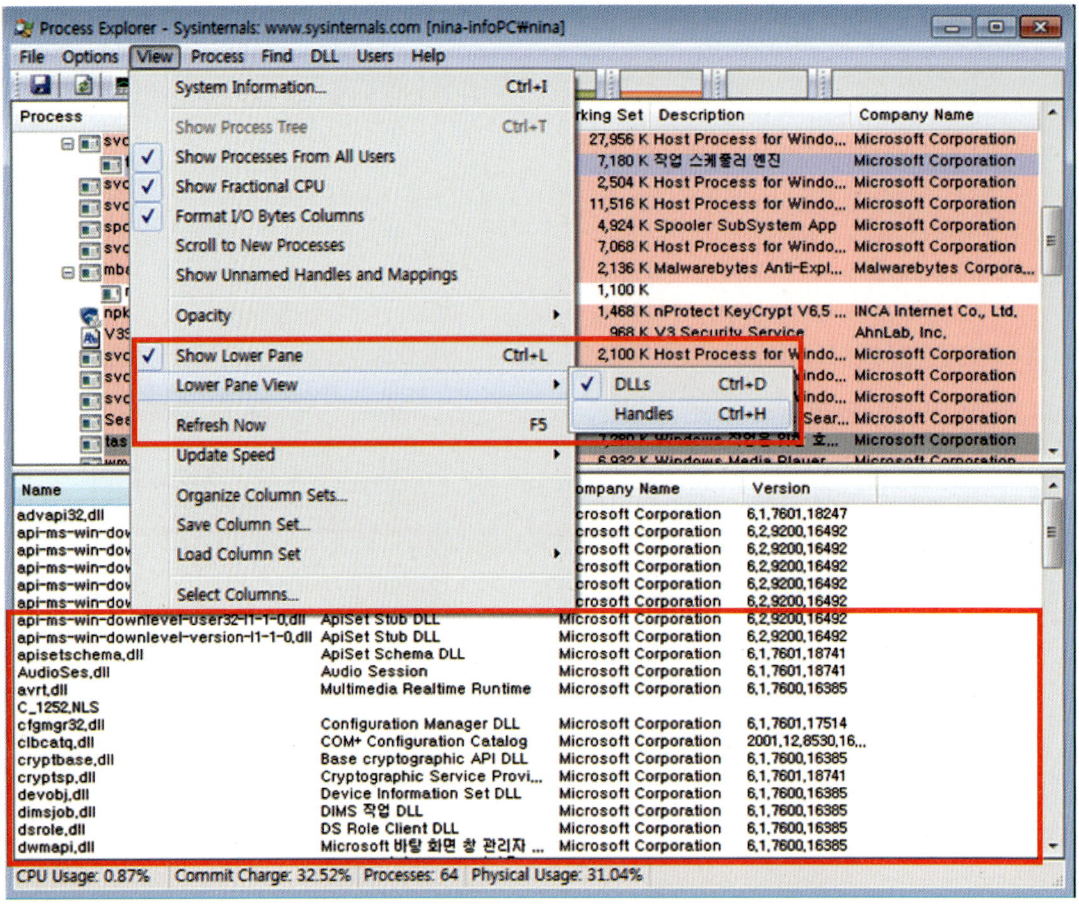

➡ View 클릭, Lower Pane View 클릭, DLLs를 클릭하면 인젝션된 DLL 보기 기능을 제공한다.

➡ Lower Pane View에서 원하는 DLL을 더블클릭하면 서명 검증 및 String 추출 기능을 제공한다.

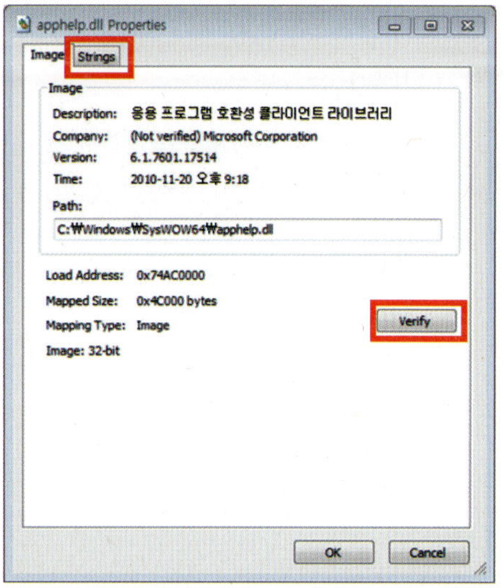

식별팁

DLL도 프로세스와 마찬가지로 "(서명을 찾을 수 없습니다)"라고 표시된 서명되지 않은 DLL은 악성코드로 의심해 볼 수 있다.

실행 중인 프로세스 서명 검증 및 ASLR 사용 상태

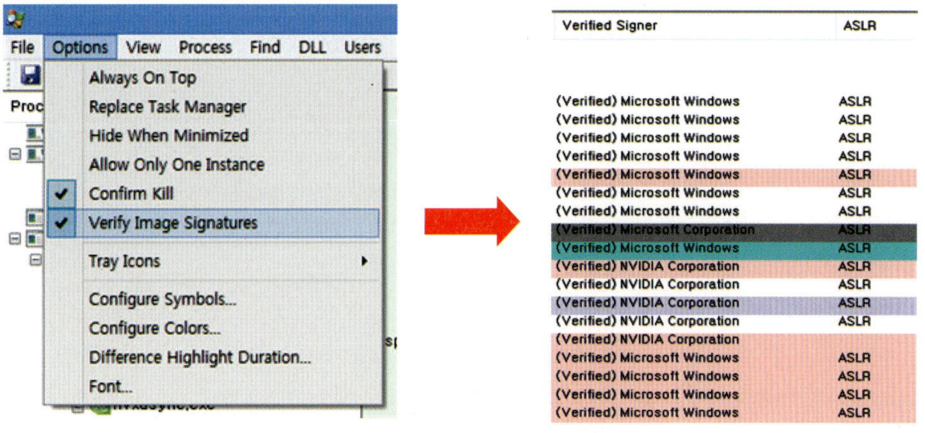

➡ [Options > Verify Image Signatures] 체크 시 현재 실행중인 모든 프로세스의 서명 검증 결과를 보여준다.

➡ ASLR은 프로그램이 메모리에 적재될 때 임의의 주소베이스로 적재되도록 함으로써 프로그램 취약점의 악용(exploit) 가능성을 감소시키는 기법이다. 윈도우에는 Vista 버전부터 사용되기 시작하였으며 개발자가 프로그램 컴파일 시 /DYNAMICBASE 링커 옵션을 설정한 경우에 적용된다.

식별팁

악성코드를 개발하는 자는 개발 시 대부분 Description이나 Company name, ASLR 등을 신경 쓰지 않는다. Process Explorer의 화면에서 보는 바와 같이 많은 프로그램이 보안성 강화를 위해 ASLR로 개발된 것을 볼 수 있다.

식별팁

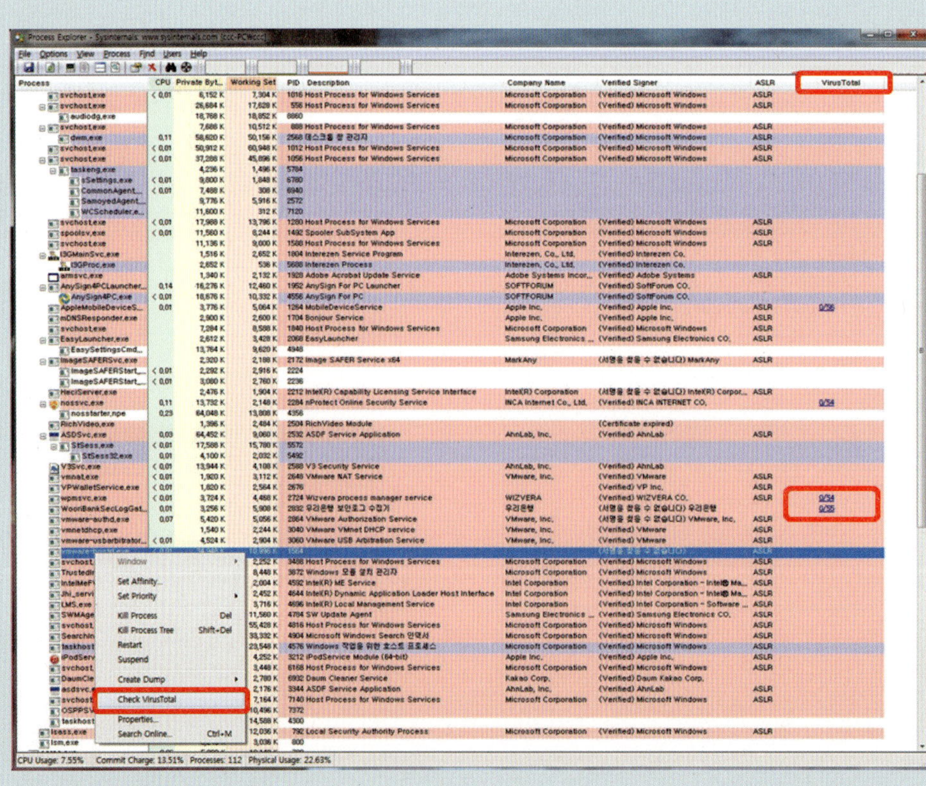

담당자가 악성코드에 대한 지식이 전혀 없다면 의심이 되는 프로세스에 마우스 오른쪽 클릭 후 "Check VirusTotal" 버튼을 클릭하여 바이러스 토털 컬럼의 결과를 확인하면 편리하다. (화면에 0/55는 전 세계 55개의 백신이 해당 파일을 점검하여 0개의 백신이 탐지를 했음을 나타내는 것이다.) 단, 결과가 0개라고해서 악성코드가 아니라고 단정할 수는 없다.

제2절

Process Monitor

2.1 소개

Process Monitor란?

Process Monitor는 sysinternals社(현재 Microsoft에 인수됨)에서 개발한 대표적인 행위 분석 도구로서 실시간으로 프로세스의 레지스트리 접근, 파일 접근, 네트워크 활동을 보여주는 프로그램이다.

특징

프로세스가 어떤 레지스트리에 어떤 내용을 쓰고 어떤 파일을 쓰는지 한눈에 알 수 있지만 이벤트가 많고 악성코드 분석에 약간의 지식이 있어야 도구 활용이 가능하다.

악성코드로 의심되는 프로세스의 행위 분석에 활용하는 것이 좋다.

주요기능 소개

프로세스의 레지스트리에 대한 행위 모니터링 기능, 프로세스의 파일시스템에 대한 행위 모니터링 기능, 프로세스의 네트워킹 모니터링 기능을 제공한다.

다운로드

http://technet.microsoft.com/en-us/sysinternals/bb896645.aspx

메인화면

메뉴 설명

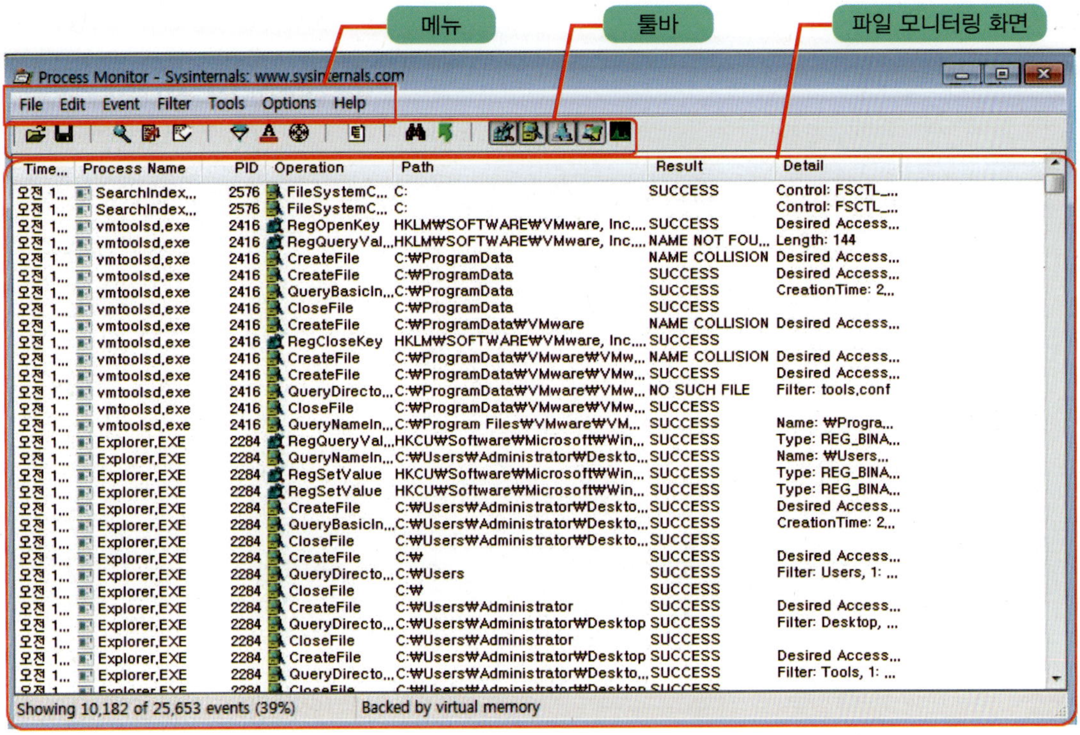

➡ 메뉴: 파일 저장, 이벤트 정의 등 프로세스 모니터 주요 메뉴이다.

➡ 툴바: 자주 쓰는 기능을 모아놓은 메뉴이다.

➡ 파일 모니터링 화면: 파일 모니터링하고 있는 화면이다.

2.2 기능

Open

툴바의 "Open" 버튼을 클릭하면 프로세스 모니터의 로그(*.PML, *.PMB)를 열어볼 수 있다.

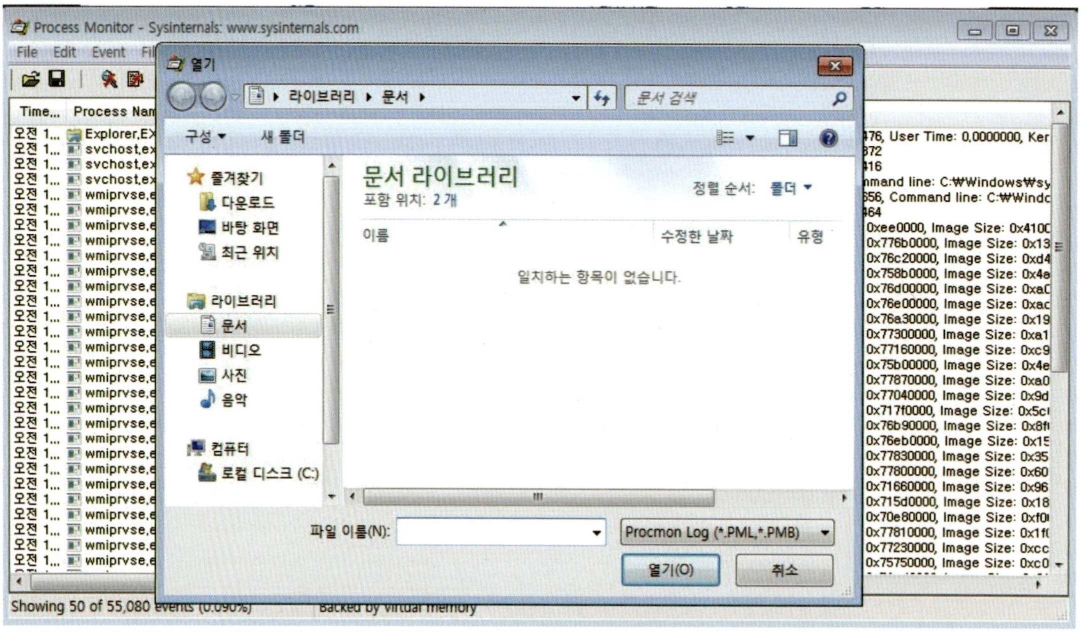

➡ 툴바의 "Open" 메뉴 클릭하면 *.PML, *.PMB 확장자를 읽어올 수 있다.

Save

툴바의 "Save to File" 버튼을 클릭하면 모니터링한 로그를 저장할 수 있다.

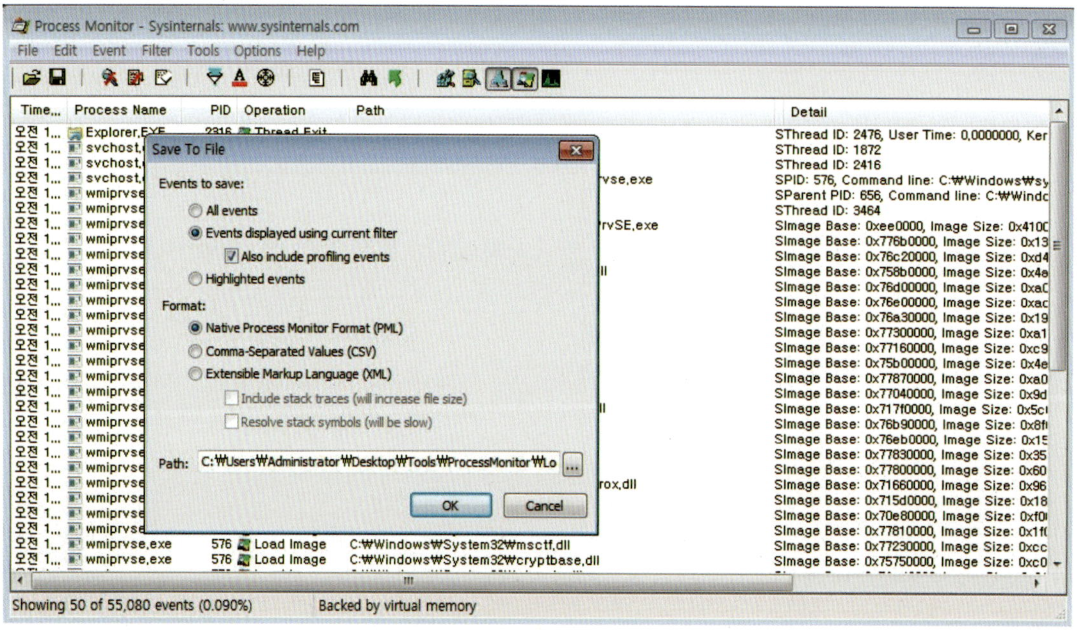

➡ 툴바의 "Save to File" 버튼 클릭하면 이벤트별, 포맷별로 옵션이 있어 사용자가 원하는 데로 저장이 가능하다.

> **식별팁**
>
> 담당자가 직접 식별하기 어려울 경우 프로세스 모니터 프로그램의 로그(.PML)를 저장하여 분석 전문가에게 의뢰하는 방법을 이용할 수도 있다.

Capture

이벤트를 캡처하는 기능으로 디폴트로 캡처 기능이 enable 되어 있다. 한 번 더 클릭하면 disable 된다.

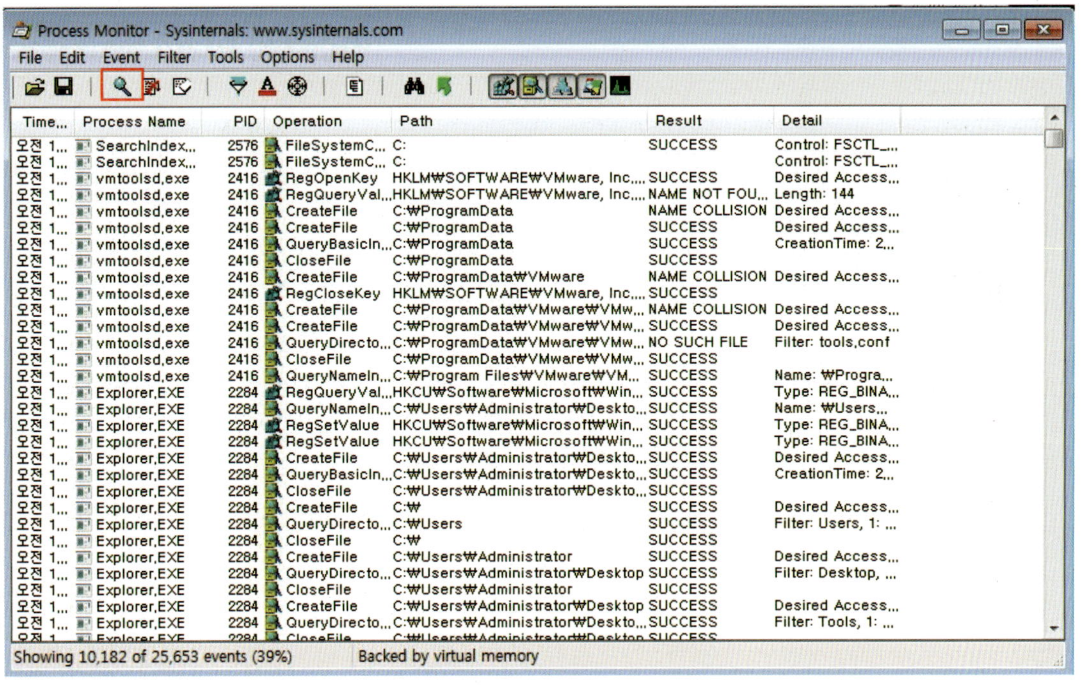

➡ 툴바의 "Capture" 버튼을 클릭한 후 캡처된 이벤트가 모니터링되고 있는 화면이다.

AutoScroll

이벤트가 발생하면 자동으로 스크롤링 된다.

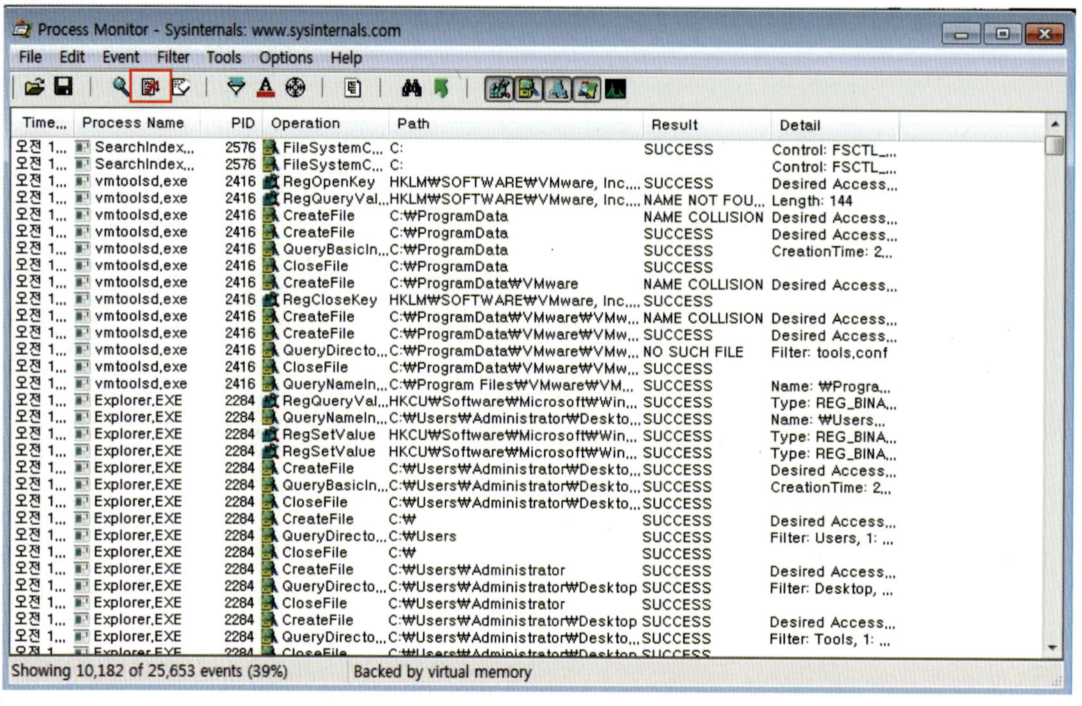

➡ 툴바의 “Auto scroll” 버튼을 클릭했을 때 자동 스크롤이 멈추고 다시 한 번 클릭하면 다시 자동 스크롤이 된다.

클리어

현재까지 모니터링된 이벤트를 화면에서 모두 지운다.

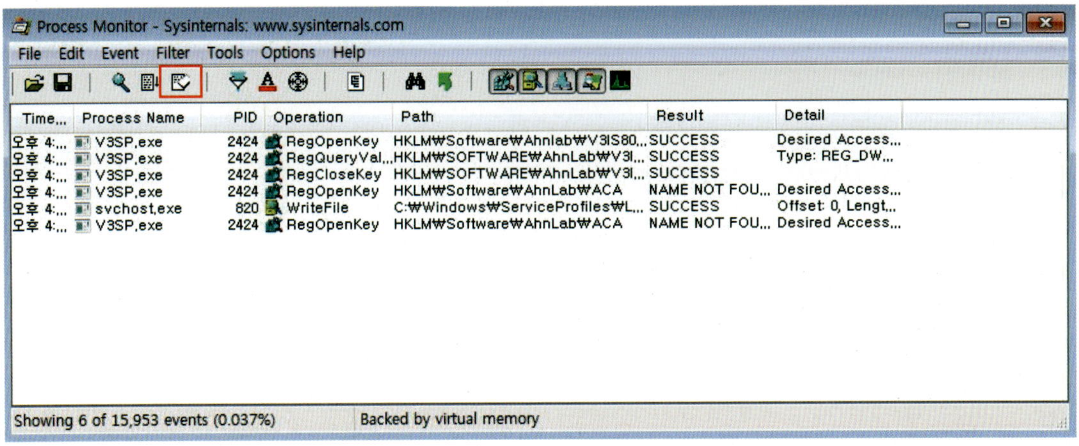

➡ 툴바의 "Clear" 버튼을 클릭했을 때 모니터링 이벤트를 모두 지우고 다시 모니터링하고 있는 화면이다.

필터

프로세스명, 프로세스 ID 등 다양한 기준으로 필터링 규칙을 적용할 수 있다.

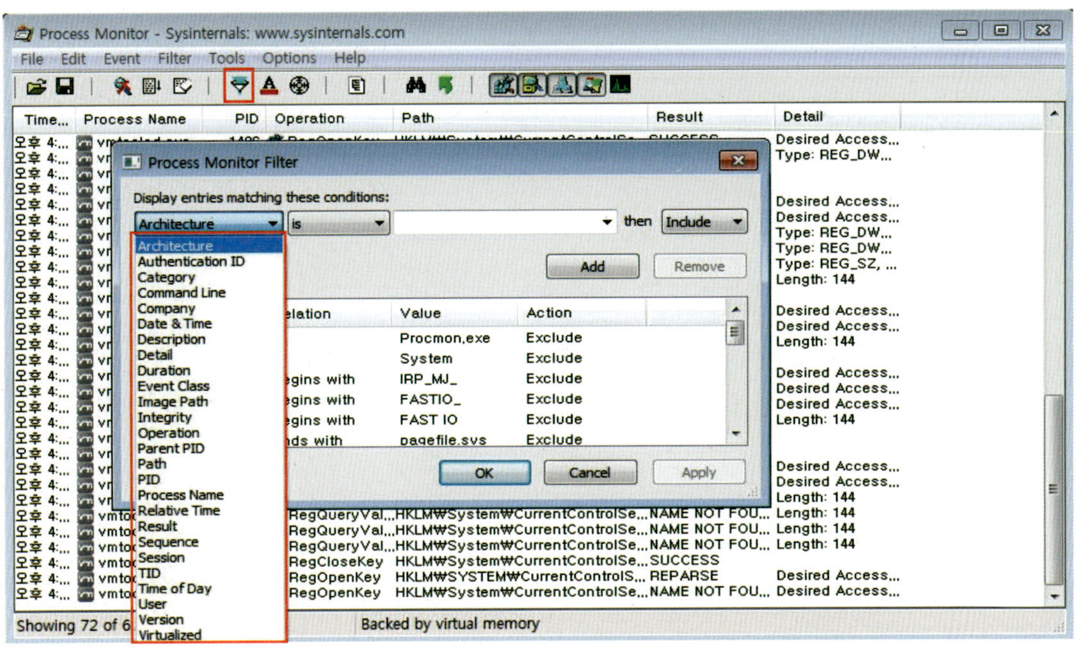

➡ 툴바의 "Filter" 버튼을 클릭했을 때 상기와 같은 필터 선택 상자가 보이고 필터 선택 상자의 첫 번째 콤보 박스를 클릭하면 그림에서 보는 바와 같이 여러 가지 필터링 기준이 보인다.

식별팁

필터는 툴바의 필터링을 이용하는 것보다 상기 그림에서 보는 바와 같이 메인화면에서 마우스 오른쪽을 클릭해서 식별하는 것이 더 간편하다.

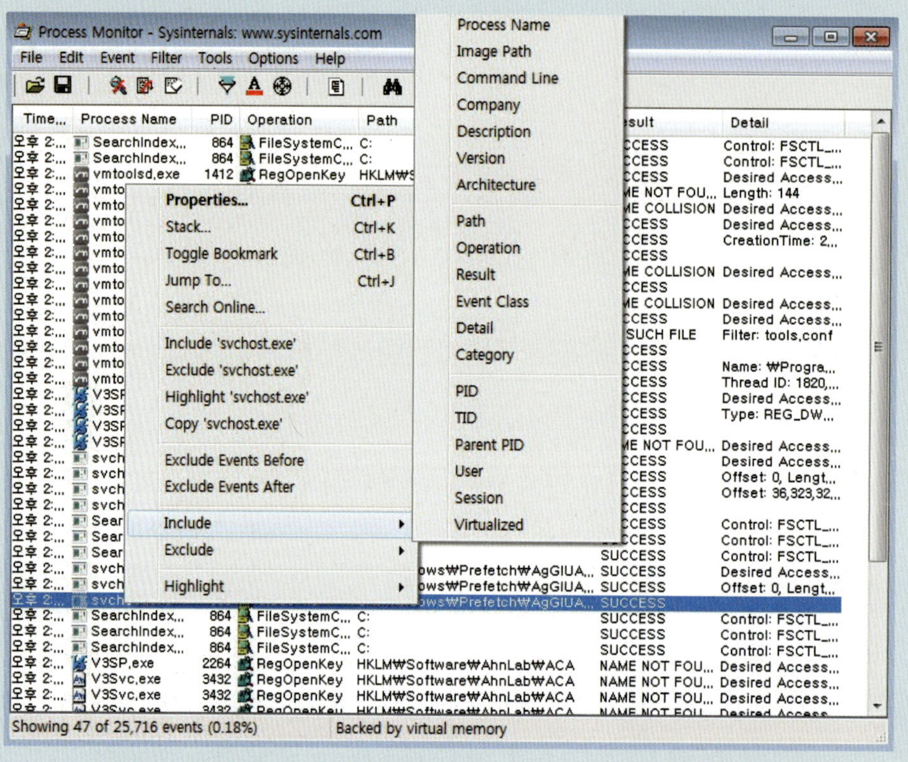

하이라이트

메인화면에 원하는 기준으로 강조 색을 표시할 수 있다.

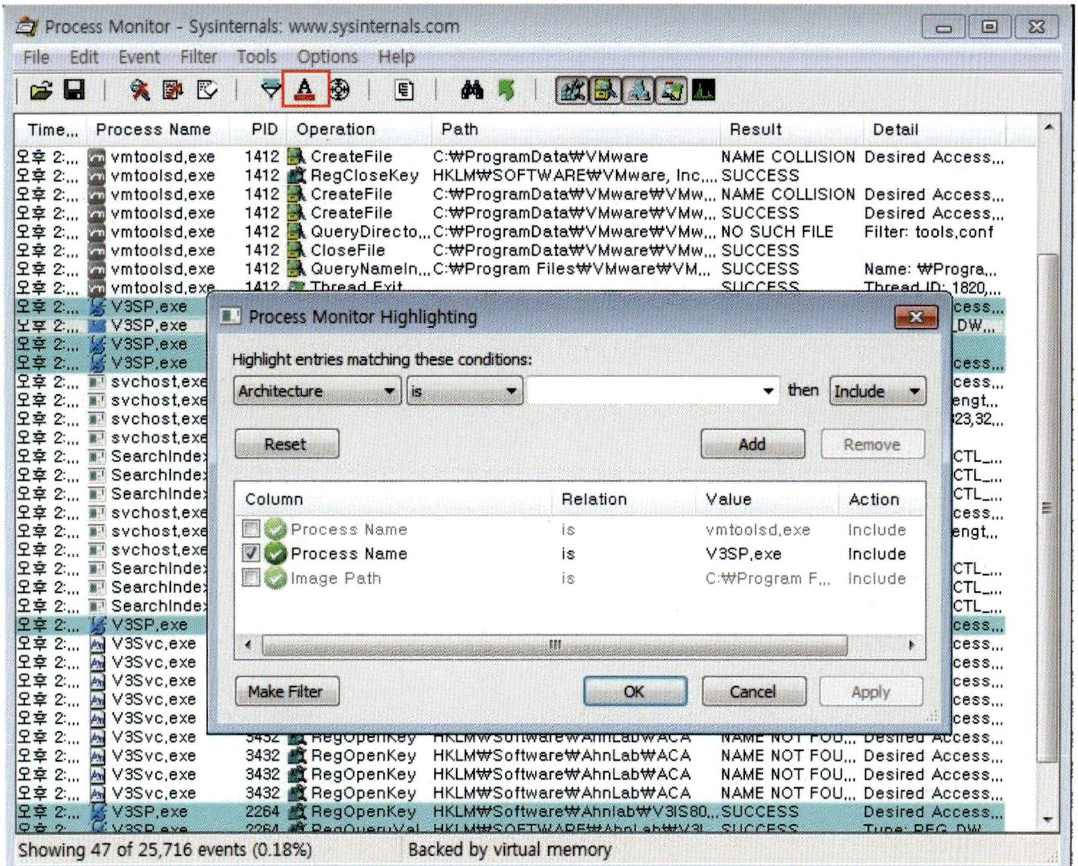

➡ 툴바의 "Highlight" 버튼을 클릭했을 때 그림과 같이 하이라이트 선택 상자가 보이고 프로세스명"V3SP.exe"으로 하이라이트 했을 때 화면이다.

식별팁

하이라이트는 툴바의 "Highlight"버튼을 이용하는 것보다 상기 그림에서 보는 바와 같이 메인화면에서 마우스 오른쪽을 클릭해서 분석하는 것이 더 간편하다.

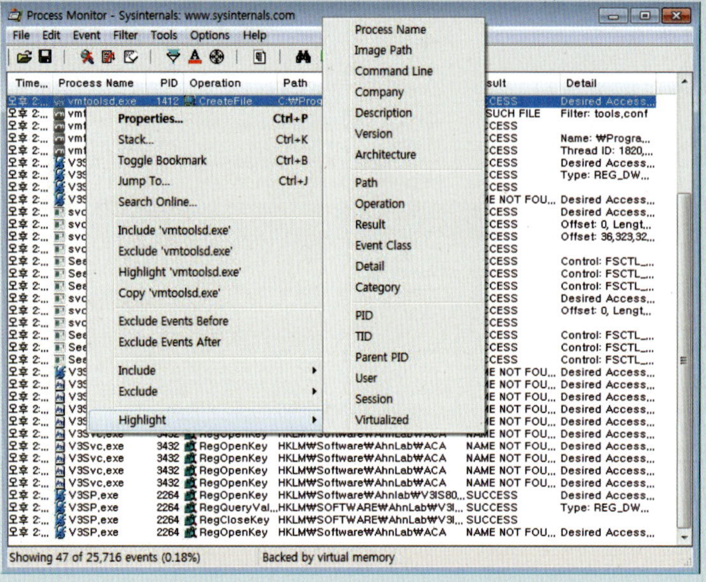

Include Process From Windows

모니터링을 원하는 윈도우를 드래그 & 드롭하면 해당 윈도우만 모니터링한다.

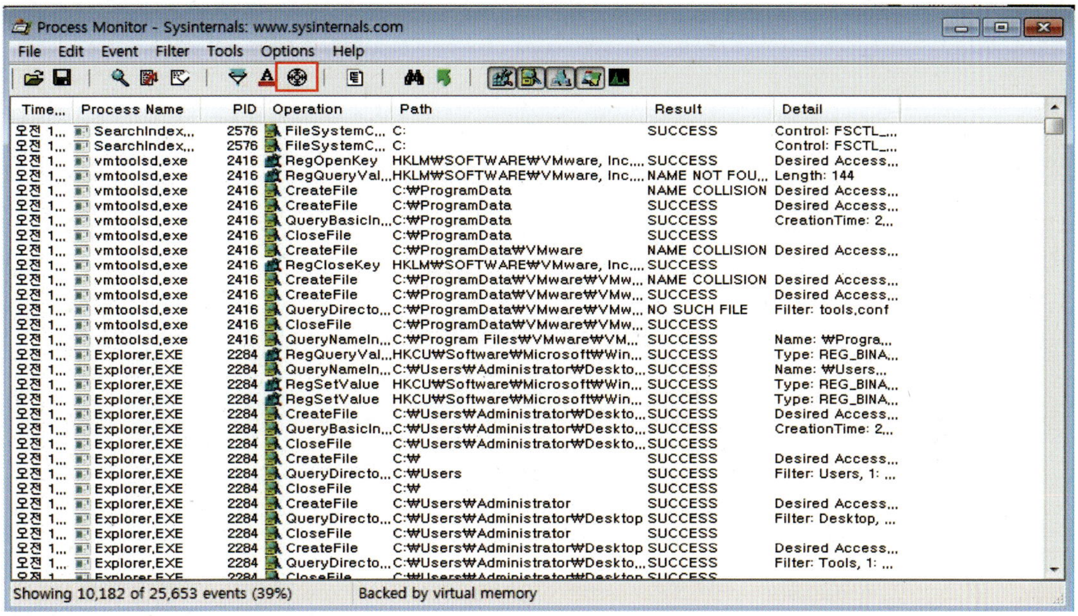

➡ 상기 툴바를 클릭한 상태로 윈도우 화면을 선택할 수 있는데 원하는 윈도우에 드롭하면 해당 PID를 모니터링한다.

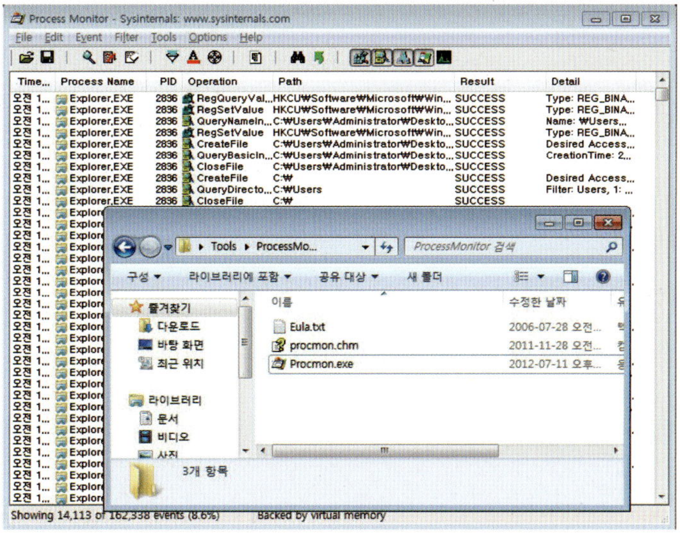

➡ 위의 그림은 탐색기에 드래그 & 드롭한 화면이다.

프로세스 트리

현재 시스템의 프로세스를 트리 형태로 보여준다.

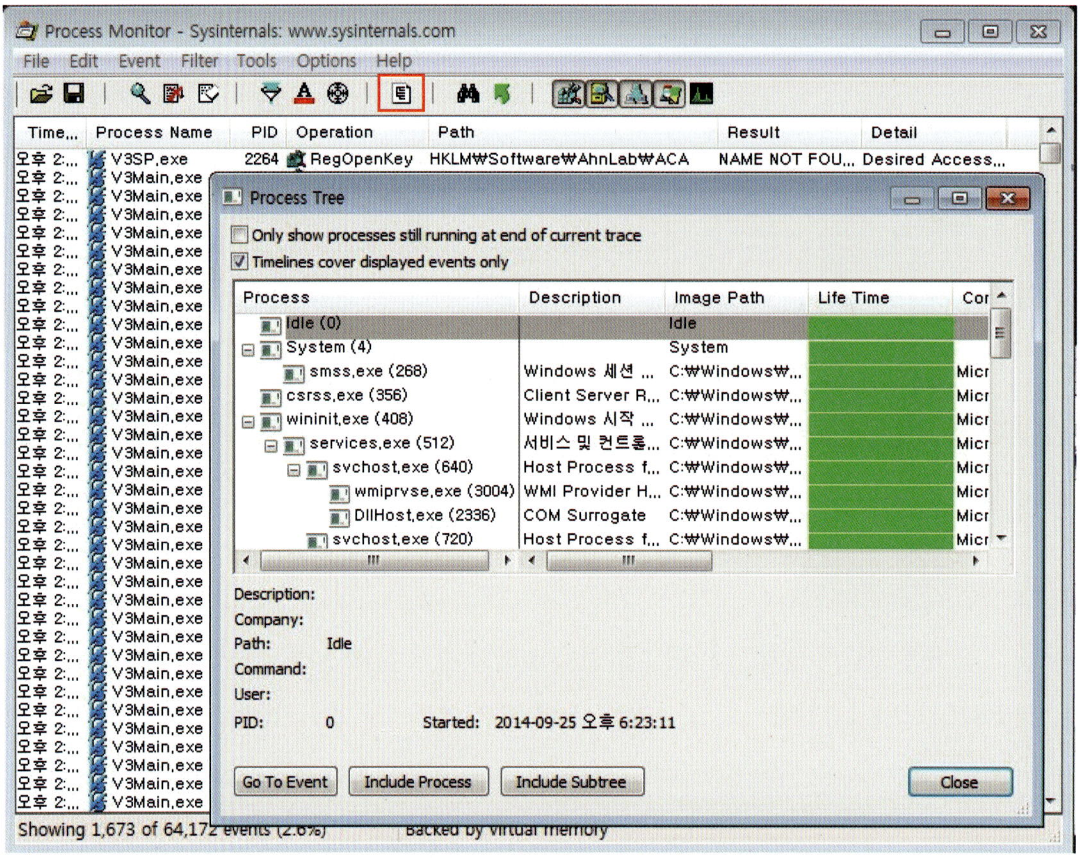

➡ 위의 그림에서 보는 바와 같이 버튼을 클릭하면 프로세스 트리를 볼 수 있는 창이 뜬다.

식별팁

프로세스 트리 화면에서 악성코드로 의심이 되는 프로세스를 클릭 후 "Go To Event"를 클릭하면 의심이 되는 프로세스의 가장 처음 이벤트로 이동한다. 또한 해당 프로세스의 이벤트만 보기 원하면 "Include Process" 버튼을 클릭한다.

찾기

모니터링된 내용에서 스트링 문자열로 찾기가 가능하다.

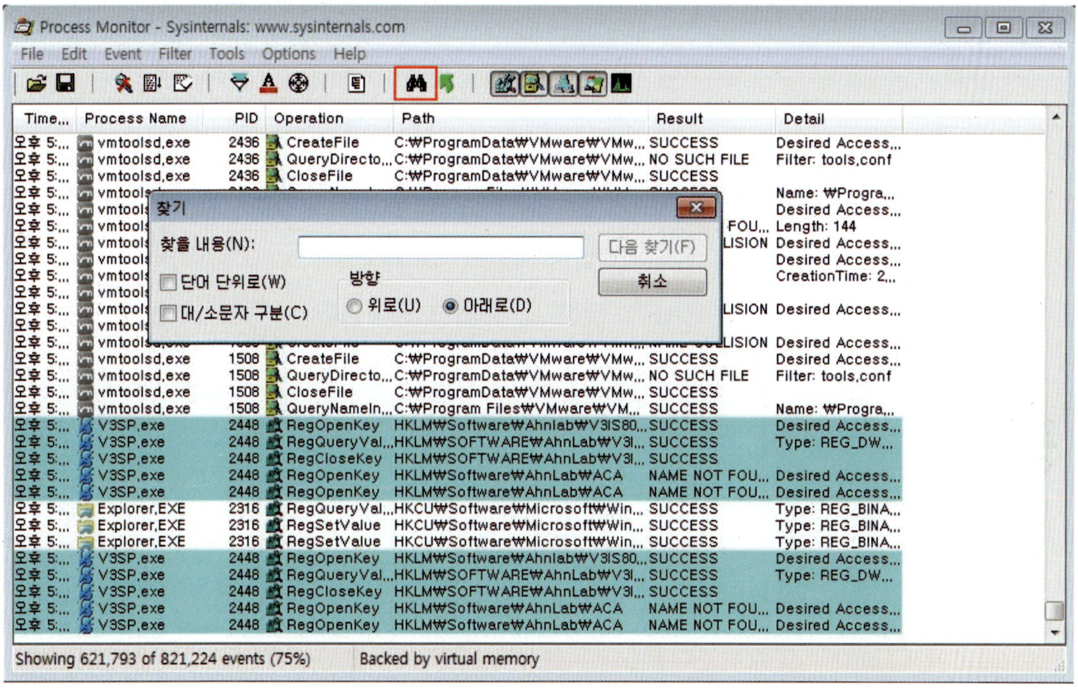

➡ 위의 그림에서 툴바의 빨간 박스 버튼을 클릭하면 텍스트 문자열로 모니터링된 내용에서 검색이 가능하다.

Jump to object

모니터링된 데이터의 파일이나 레지스트리 위치로 이동한다.

➡ 원하는 데이터를 클릭한 후(①) 툴바에서 "Jump to object" 버튼을 클릭(②)하면 해당 "path"로 이동한다.

Show Activity 버튼

각 버튼에 따른 내용만 보기 혹은 보지 않기 기능이다. 각 버튼의 기능은 다음과 같다.

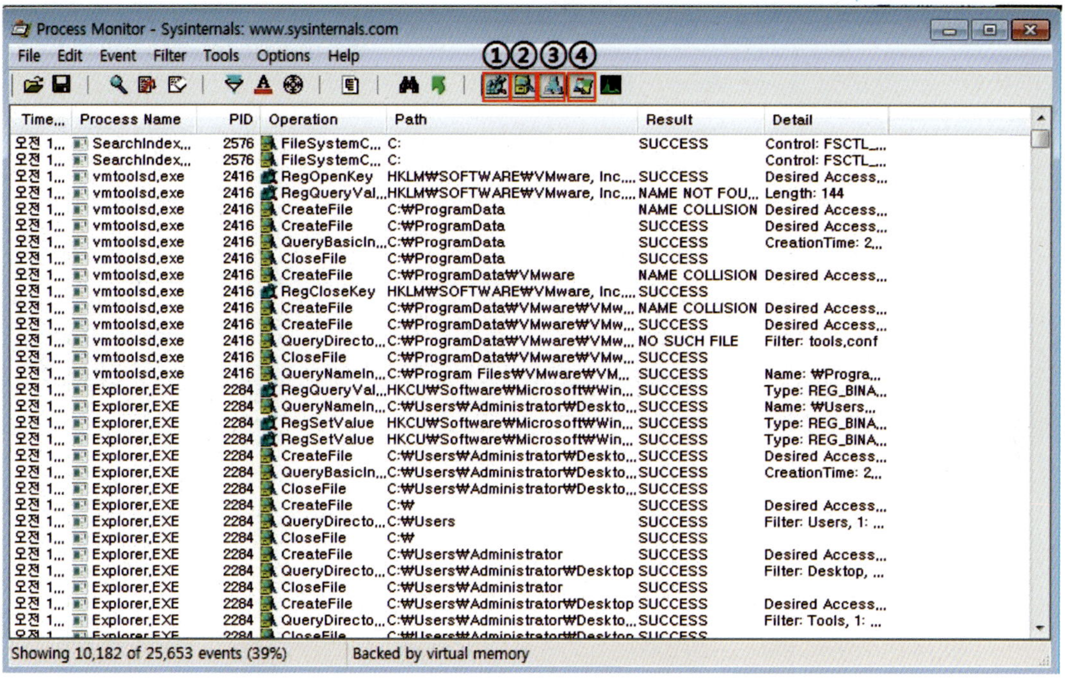

➡ ①: 레지스트리 활성화 기능으로 눌려있으면 모니터링 화면에서 레지스트리 관련 정보를 볼 수 있고 보지 않으려면 한 번 더 클릭한다.

➡ ②: 파일시스템 활성화 기능으로 눌려있으면 모니터링 화면에 파일 생성, 읽기 등의 정보를 볼 수 있고 보지 않으려면 한 번 더 클릭한다.

➡ ③: 네트워크 활성화 기능으로 눌려있으면 모니터링 화면에 네트워크 연결 상태 등의 정보를 볼 수 있고 보지 않으려면 한 번 더 클릭한다.

➡ ④: 프로세스(쓰레드) 활성화 기능으로 눌려있으면 쓰레드 생성, 프로세스 실행 등의 정보를 볼 수 있고 보지 않으려면 한 번 더 클릭한다.

식별팁

모니터링 정보가 많기 때문에 초기 분석 시에는 ①, ②, ③, ④ 버튼을 하나씩만 누른 상태에서 모니터링해보면 좀 더 효율적인 식별이 가능하다.

실습

1. 프로세스 모니터를 이용하여 주어진 A.pml 파일을 분석하시오
   - ➡ 다른 네트워크로 연결하는 IP는 무엇인가?
   - ➡ 다른 네트워크로 연결하는 포트는 무엇인가?
   - ➡ 의심이 가는 악성코드명을 적으시오.
   - ➡ 해당 악성코드가 어느 디렉터리에서 실행되는지 적으시오.

3

내 PC를 지켜줘

네트워크 분석도구

제1절 Wireshark

1.1 소개

Wireshark란?

Wireshark는 패킷 캡처 라이브러리(pcap)와 패킷 뷰어가 합쳐진 패킷 분석 도구이다.

특징

네트워크 상의 패킷을 수집하여 분석할 수 있는 기능을 제공하는 도구 중 가장 많이 사용하는 도구다. 기본적인 패킷 캡처 기능 이외에 다운로드 받은 파일 일괄 저장, 다운로드 사이트 및 IP 보기 기능 등 패킷 캡처 이외에도 다양한 기능을 제공한다.

Wireshark는 도구는 캡처되는 데이터가 많아 오랜 시간 실행시키기 불가능하기 때문에 네트워크가 공격 대상인 악성 코드 식별에 사용되거나 감염된 PC에 설치하여 네트워크 관련 분석을 시도할 때 사용한다.

주요기능 소개

패킷 캡처 기능, 다운로드 받은 파일 일괄 저장 기능(Export Objects), 다운로드 사이트 및 IP 보기 기능(Flow Graph), 분석이 어려운 사용자가 쉽게 볼 수 있는 경고(warning) 및 에러(error) 등의 정보를 제공하는 Export Info 등의 기능을 제공한다.

다운로드

http://www.wireshark.org/download.html

메인화면

메뉴 설명

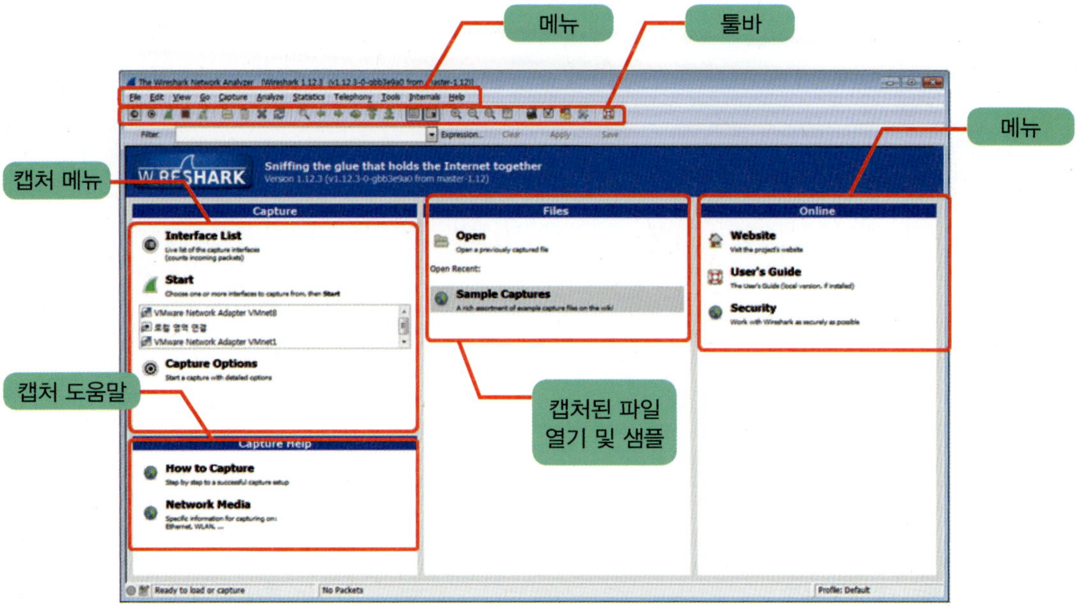

➡ 메뉴: wireshark 기능을 모두 사용할 수 있는 파일 메뉴이다.

➡ 툴바: 자주 쓰는 기능을 모아 놓은 메뉴이다.

➡ 캡처 메뉴: 캡처할 인터페이스 선택, 캡처 시작, 캡처 옵션 캡처와 관련된 메뉴이다.

➡ 캡처 도움말: 캡처하는 방법 온라인 도움말 및 캡처를 위한 네트워크 미디어 스펙(https://wiki.wireshark.org/CaptureSetup)

➡ 캡처된 파일 열기 및 캡처 파일 샘플: 캡처 파일 가져오기 및 캡처 파일 온라인 샘플(https://wiki.wireshark.org/SampleCaptures)이다.

➡ 사용자 가이드: 프로젝트 웹사이트(https://www.wireshark.org), 사용자 가이드이다.

1.2 기능

Capture

캡처 메뉴의 "Interface List"를 클릭하여 캡처를 원하는 인터페이스를 선택한 후 "Start" 버튼을 클릭한다.

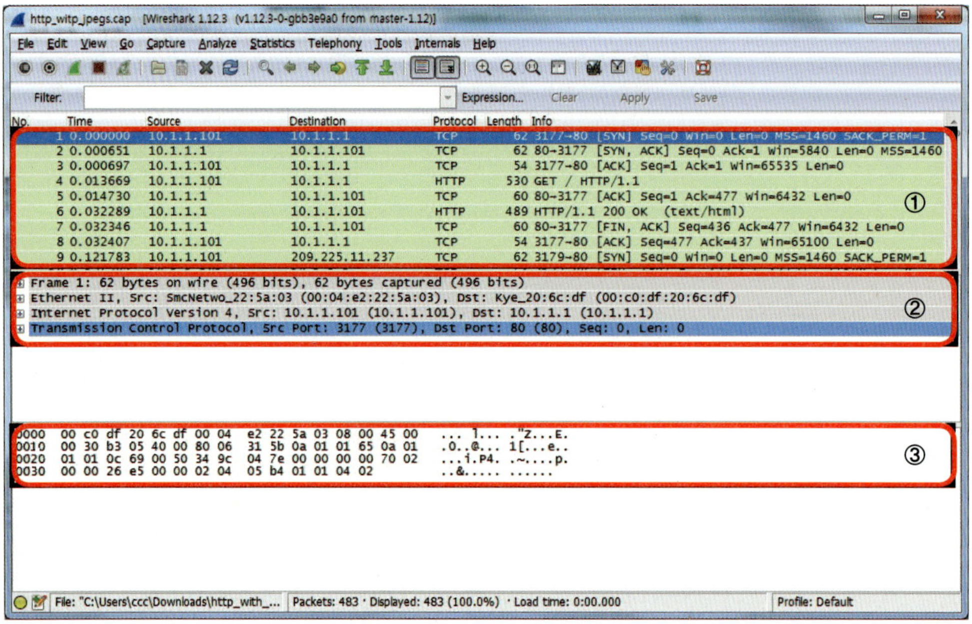

➡ ①번 창: 캡처 패킷을 시간 순으로 보여주는 화면이다.

➡ ②번 창: 패킷 하나에 대한 상세 정보를 보여주는 화면이다.

➡ ③번 창: 상세 정보에 대한 raw 데이터를 보여주는 화면이다.

Capture Option

캡처를 위한 옵션 설정 메뉴이다.

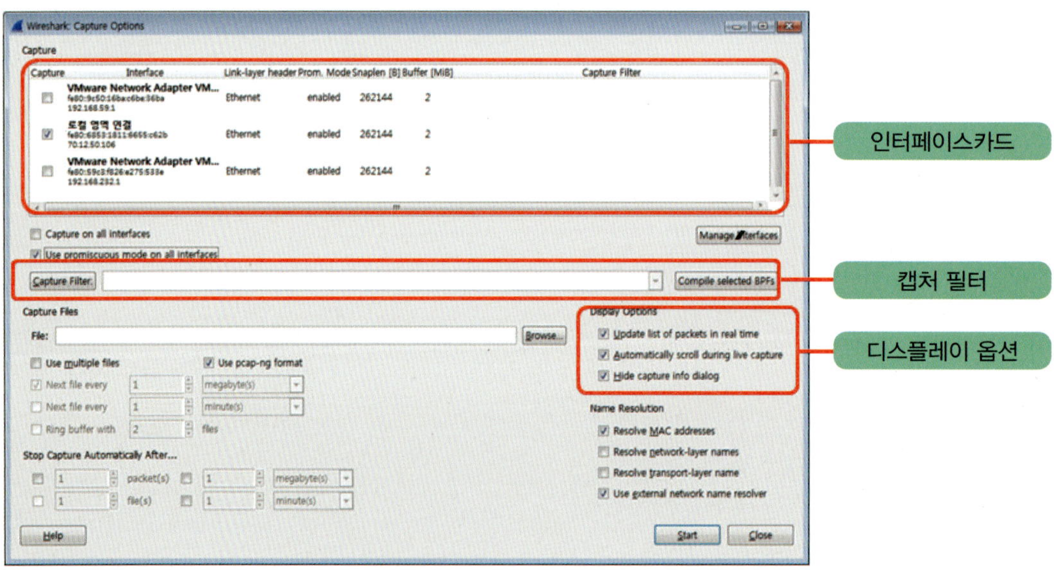

➡ 인터페이스 카드: 네트워크 인터페이스 카드(NIC) 선택 화면이다.

➡ 캡처 필터: 캡처된 패킷을 필터링하는 옵션을 선택하는 화면이다.

➡ 디스플레이 옵션: 캡처 화면에서 뷰를 설정하는 화면이다.

Capture Filter

원하는 패킷을 걸러내는 기능이다.

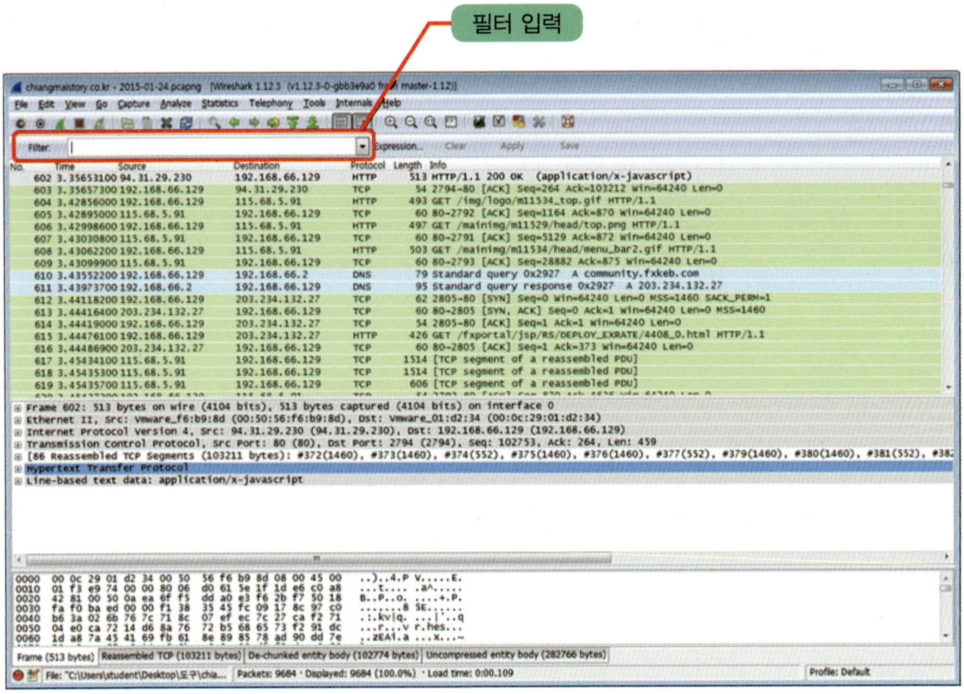

➡ 그림에서 보는 바와 같이 필터 입력란에 필터를 입력하면 원하는 패킷이 필터링 된다.

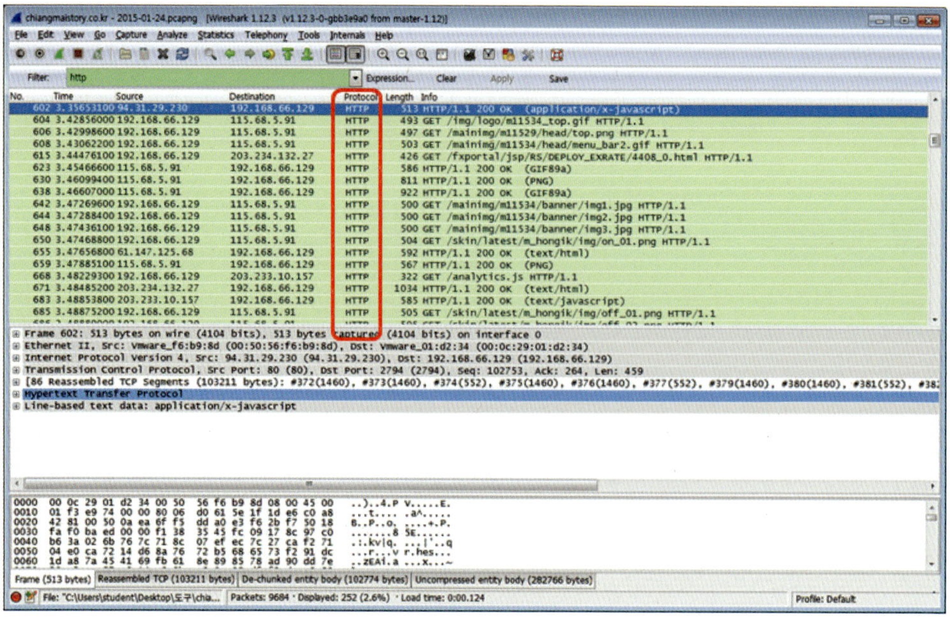

➡ 필터 입력란에 "http"를 입력하면 http 프로토콜만 볼 수 있다.

상세한 필터링

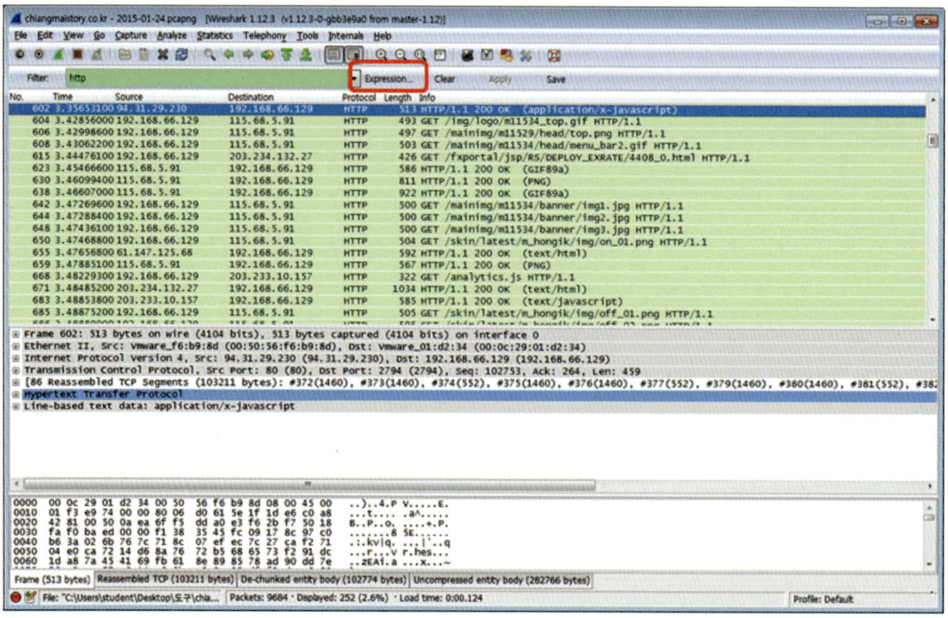

➡ 좀 더 상세한 필터를 적용하기 위해서는 필터 입력란 옆의 expression을 클릭한다.

➡ ip 주소로 필터링하기 위해서는 "IPv4" 클릭, "ip.addr" 클릭, relation의 "==" 클릭, value에 원하는 IP 주소를 입력하면 된다.

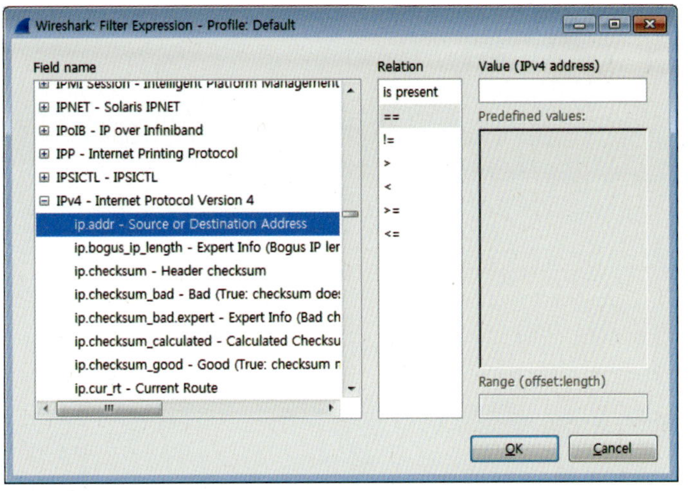

식별팁

"ip.addr == 공격자로 의심되는 IP주소"하여 패킷을 필터링하면 식별이 쉬워진다.

Enable Protocols(Analyze → Enable Protocols)

필터와 유사한 기능으로 보기 원하는 프로토콜을 미리 설정하는 기능이다.

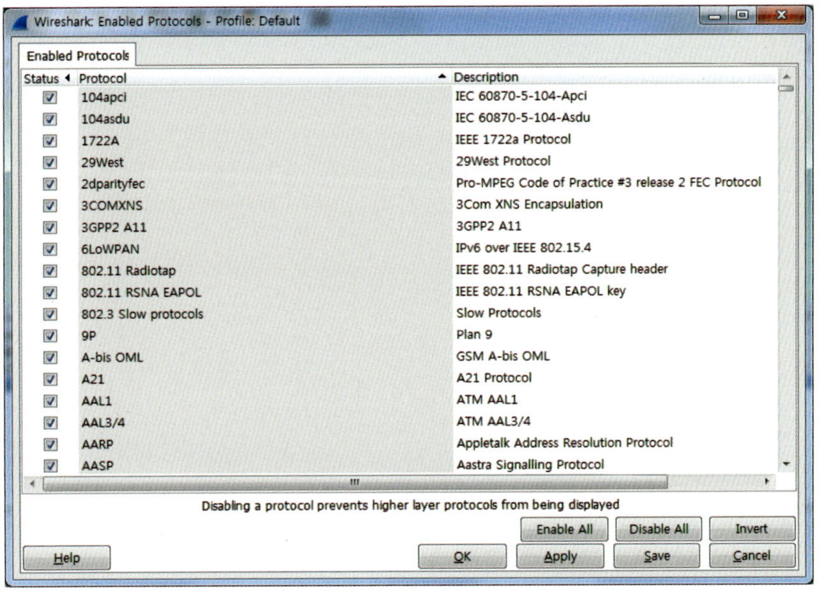

➡ status 항목에 체크 상태를 체크 안함으로 하면 패킷 플로우 화면에서 보이지 않게 된다.

식별팁

데이터링크 계층(ethernet)을 분석하기 위해서 네트워크 계층(IP)을 disable하면 식별이 쉬워진다.

Find Packet(Edit → Find Packet)

캡처 패킷에서 조건에 맞는 문자열 등을 검색할 때 사용한다.

➡ 악성코드가 실행 파일일 경우 "exe"로 검색하여 찾을 수 있다.

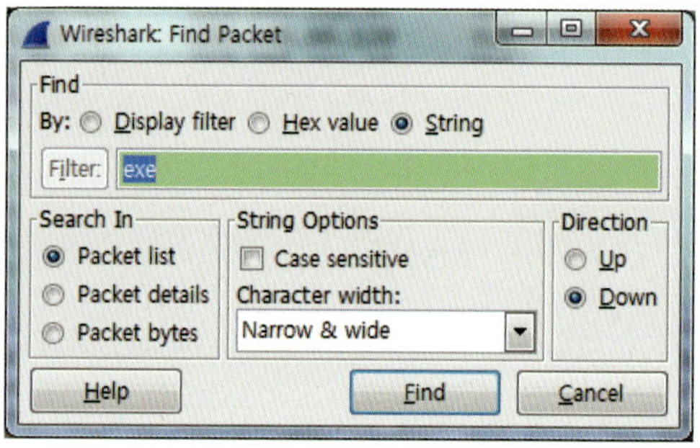

식별팁

악성코드의 파일 타입(exe, jar, jpg 등)과 악성코드명을 알 경우 쉽게 검색하여 찾을 수 있다.

Packet Warning(Analyze → Expert Info)

패킷에 문제가 있을 경우 error 내용 등의 여러 가지 상세 정보를 제공한다.

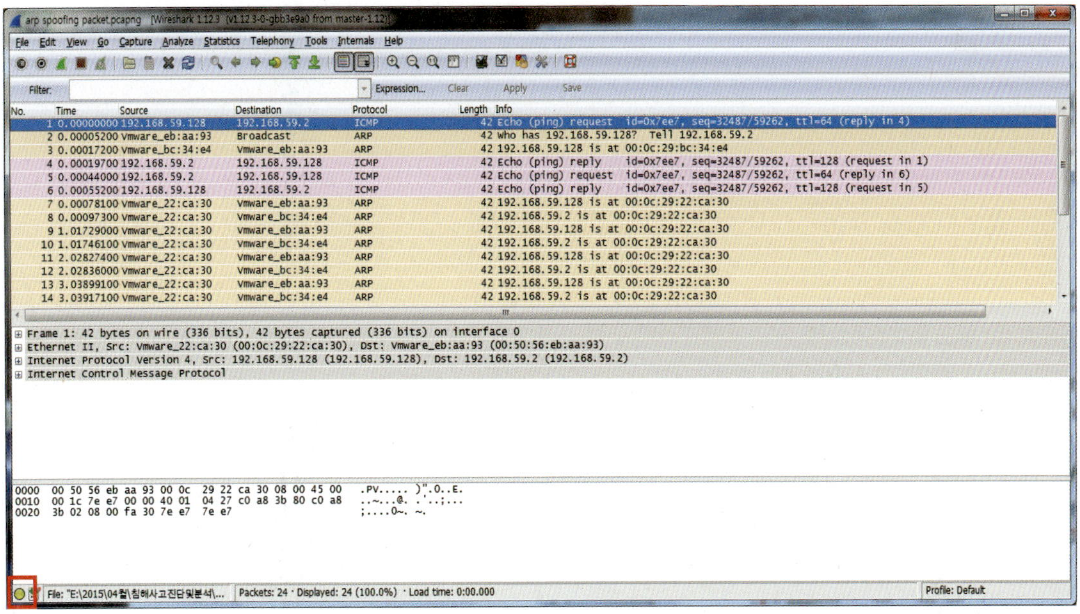

➡ Wireshark 실행 후 프로그램의 왼쪽 하단에 마크를 클릭하면 errors, warnings 등의 정보를 얻을 수 있다.

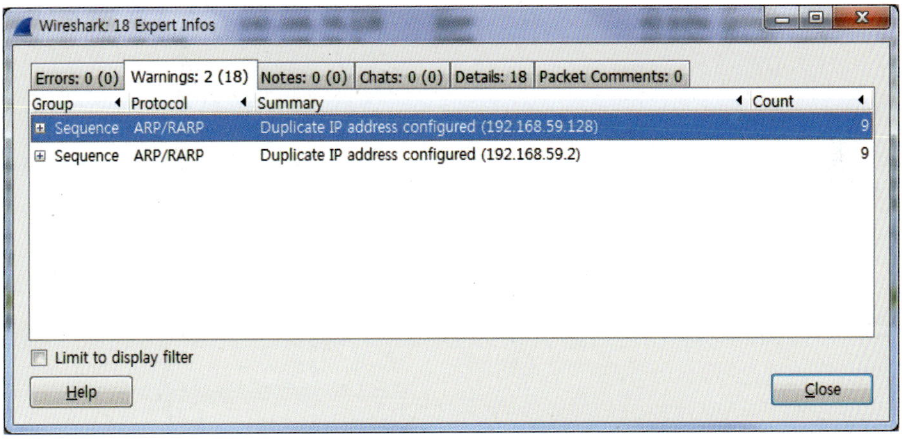

➡ ARP 스푸핑 패킷의 경우 상기 그림과 같은 warning을 볼 수 있다.

식별팁

Wireshark 도구를 잘 다루지 못하는 담당자도 Packet warning 메시지를 활용하면 식별이 더욱 쉽다. Warnings 탭으로 대략적인 정보 확인 후 Details 탭을 클릭하면 Warning 메시지에 대한 상세한 정보를 볼 수 있다.

Export Objects(File → Export Objects)

HTTP/DICOM/SMB/SMB2 프로토콜에서 사용하는 Objects(그림파일, 스크립트 파일, 실행 파일 등)를 가져오기할 수 있다.

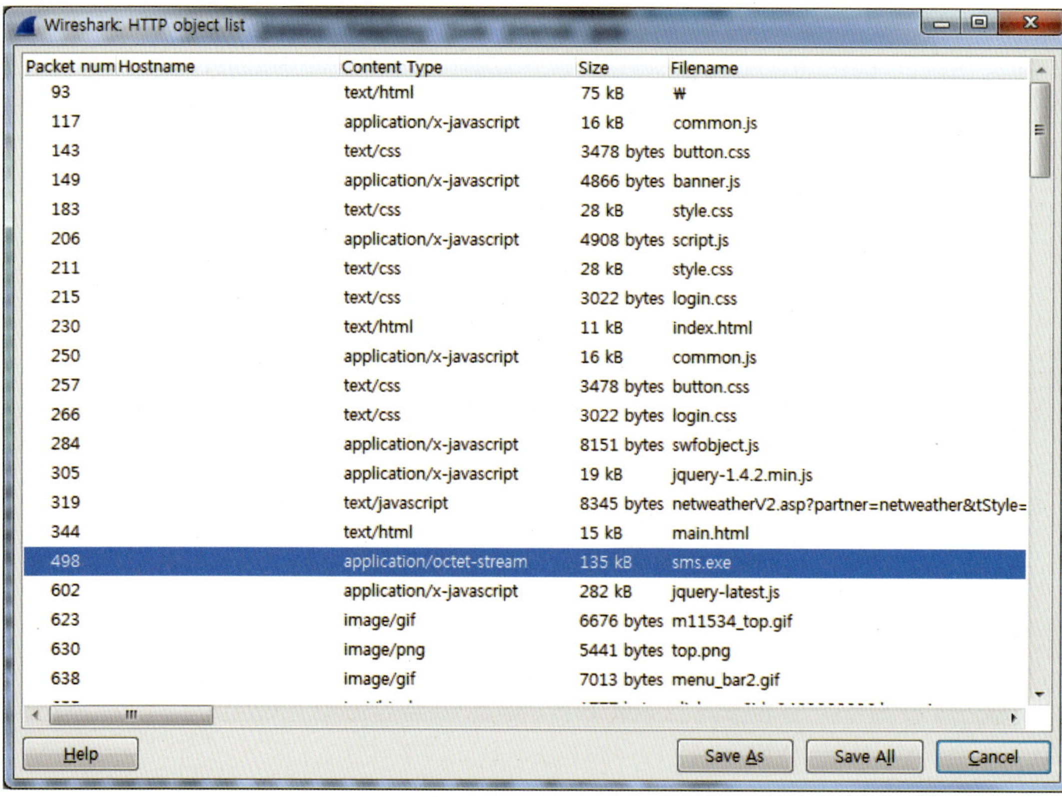

Packet num	Hostname	Content Type	Size	Filename
93		text/html	75 kB	₩
117		application/x-javascript	16 kB	common.js
143		text/css	3478 bytes	button.css
149		application/x-javascript	4866 bytes	banner.js
183		text/css	28 kB	style.css
206		application/x-javascript	4908 bytes	script.js
211		text/css	28 kB	style.css
215		text/css	3022 bytes	login.css
230		text/html	11 kB	index.html
250		application/x-javascript	16 kB	common.js
257		text/css	3478 bytes	button.css
266		text/css	3022 bytes	login.css
284		application/x-javascript	8151 bytes	swfobject.js
305		application/x-javascript	19 kB	jquery-1.4.2.min.js
319		text/javascript	8345 bytes	netweatherV2.asp?partner=netweather&tStyle=
344		text/html	15 kB	main.html
498		application/octet-stream	135 kB	sms.exe
602		application/x-javascript	282 kB	jquery-latest.js
623		image/gif	6676 bytes	m11534_top.gif
630		image/png	5441 bytes	top.png
638		image/gif	7013 bytes	menu_bar2.gif

➡ File 클릭, Export Objects 클릭, HTTP 클릭하면 상기 그림과 같이 화면이 보이고 Save 메뉴를 이용하여 악성코드를 저장할 수 있다.

식별팁

Drive-by-Download 공격과 같이 웹 페이지에 접속하여 악성코드에 감염되는 경우 패킷을 분석할 필요 없이 Export objects 메뉴를 이용하면 악성코드를 쉽게 샘플링할 수 있다.

Flow Graph(Statistics → Flow graph)

패킷 플로우에 대한 그래프를 볼 수 있는 기능이다.

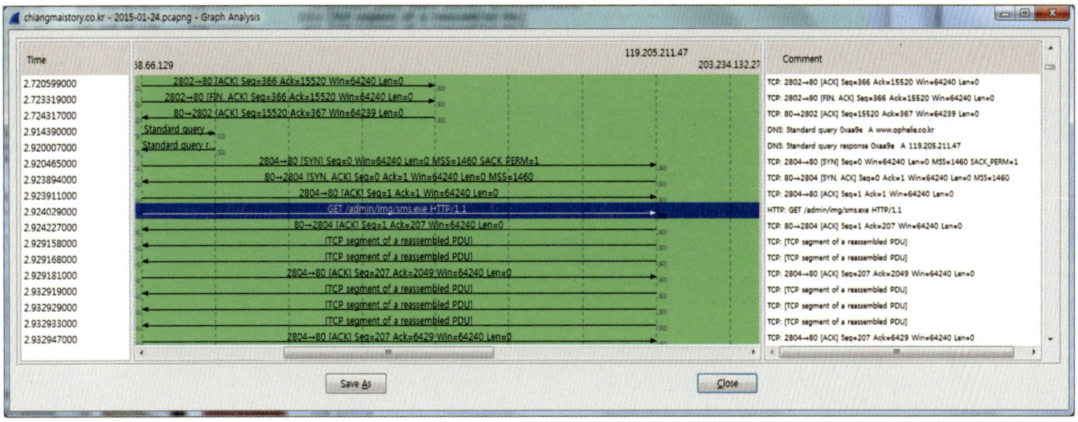

➡ 상기 그림에서 보는 바와 같이 어느 IP에서 어떤 Objects를 가져오고 실행하는지 한 눈에 볼 수 있다.

식별팁

이 메뉴를 사용하면 패킷을 분석하지 않고 어떤 사이트에서 접속하는지 쉽게 알 수 있으며 악성코드 다운로드 사이트도 쉽게 찾을 수 있다.

Protocol Hierarchy(Statistics → Protocol Hierarchy)

프로토콜의 구조에 따른 패킷 비율을 확인하는 메뉴이다.

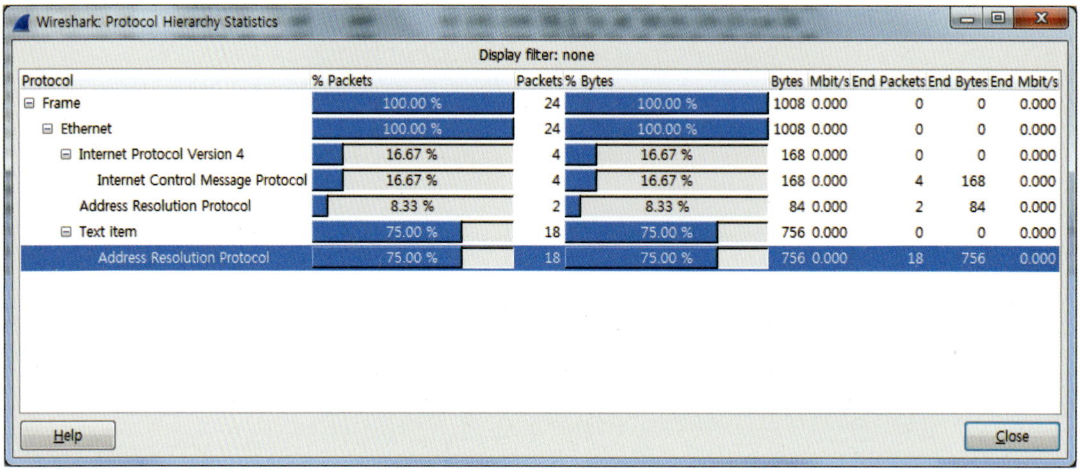

Wireshark: Protocol Hierarchy Statistics

Display filter: none

Protocol	% Packets	Packets	% Bytes	Bytes	Mbit/s	End Packets	End Bytes	End Mbit/s
⊟ Frame	100.00 %	24	100.00 %	1008	0.000	0	0	0.000
⊟ Ethernet	100.00 %	24	100.00 %	1008	0.000	0	0	0.000
⊟ Internet Protocol Version 4	16.67 %	4	16.67 %	168	0.000	0	0	0.000
Internet Control Message Protocol	16.67 %	4	16.67 %	168	0.000	4	168	0.000
Address Resolution Protocol	8.33 %	2	8.33 %	84	0.000	2	84	0.000
⊟ Text item	75.00 %	18	75.00 %	756	0.000	0	0	0.000
Address Resolution Protocol	75.00 %	18	75.00 %	756	0.000	18	756	0.000

Help Close

➡ 위의 그림을 보면 ARP 프로토콜이 다수인 것을 볼 때 ARP 스푸핑이 의심된다.

식별팁

이 메뉴를 통해 패킷을 다량으로 유발하는 프로토콜 명을 알 수 있으며 네트워크가 느려질 경우 이 메뉴를 통해 악성코드가 어떤 패킷을 다량으로 유발하는지 알 수 있다.

실습

1. 주어진 캡처 파일(a.pcapng)에 대해 Wireshark를 이용하여 분석하시오.
   ➡ 어떤 공격인가?
2. 주어진 악성파일의 행위가 저장된 캡처 파일(파밍.pcapng)에 대해 Wireshark를 이용하여 분석하시오.
   ➡ 네트워크를 통해 다운로드한 악성 파일 이름은 무엇인가?
   ➡ 악성 파일을 다운로드한 서버의 IP는 무엇인가?

제2절 Message Analyzer

2.1 소개

Message Analyzer란

마이크로소프트社에서 배포하는 Message Analyzer는 패킷을 캡처하여 보여주고 분석하는 패킷 분석 도구이다.

특징

Wireshark와 유사한 도구이며 캡처된 데이터를 분석하거나 분석된 데이터를 차트로 보여주는 특징이 있다.

주요기능 소개

패킷 캡처 기능 및 GUI 기반의 레포팅 기능을 제공한다.

다운로드

http://www.microsoft.com/en-us/download/details.aspx?id=44226

메인화면

메뉴 설명

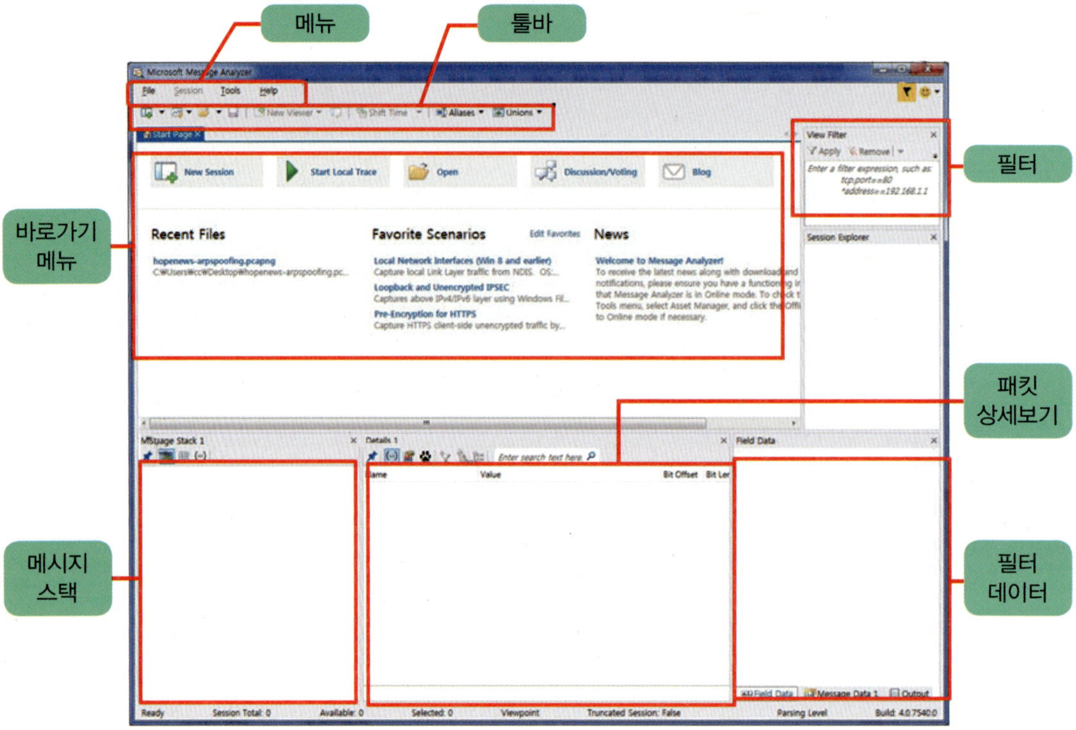

➡ 메뉴: Message analyzer의 모든 기능을 사용할 수 있는 메뉴이다.

➡ 툴바: 자주 쓰는 기능을 모아놓은 메뉴이다.

➡ 바로가기 메뉴: 최근 파일 열기, 캡처할 인터페이스 선택, 캡처 시작, 캡처 옵션 등 캡처와 관련된 메뉴이다.

➡ 필터: 필터를 입력할 수 있는 화면이다.

➡ 필드데이터: 프로토콜 필드 데이터 보기 화면이다.

➡ 메시지 스택: 프로토콜 분류별 보기 화면이다.

➡ 패킷상세보기: 메시지 스택에서 선택된 패킷 상세 보기 화면이다.

2.2 기능

Capture

Favorite Scenarios에 "Local Network Interfaces"를 클릭한다.

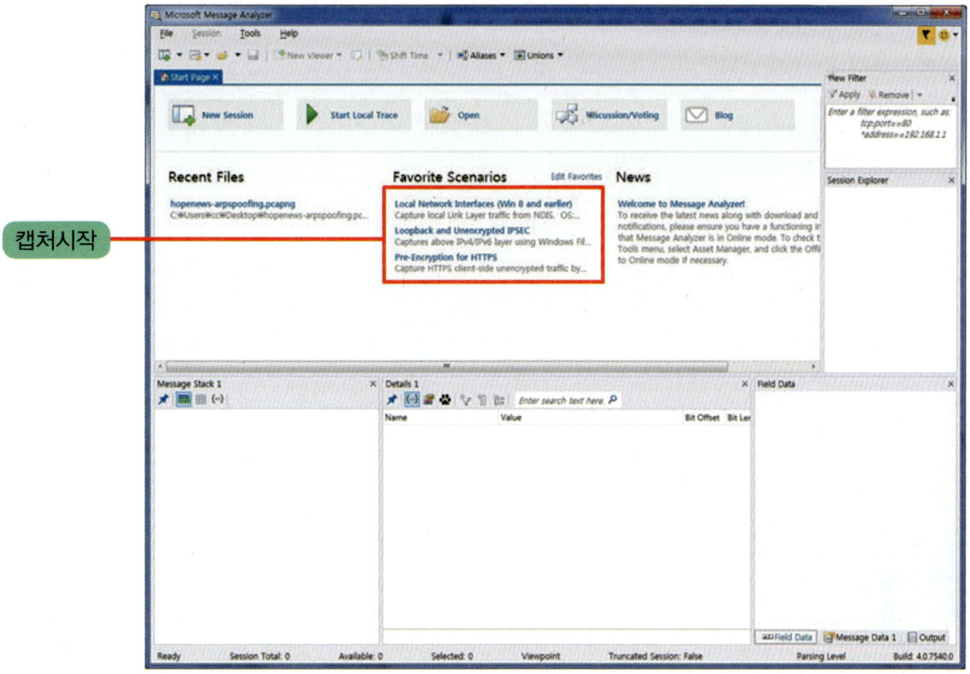
캡처시작

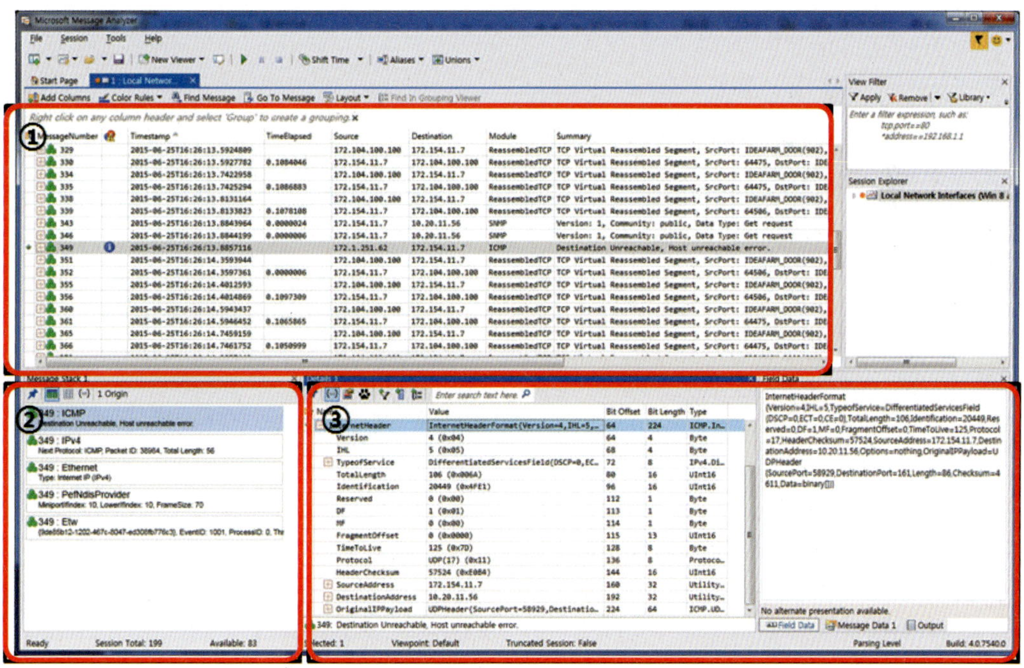
①
②
③

➡ ①번 창: 캡처된 패킷을 시간 순으로 보는 화면이다.

➡ ②번 창: 패킷 하나에 대한 프로토콜별 정보를 보는 화면이다.

➡ ③번 창: 프로토콜에 대한 상세 정보 및 프로토콜 필드 데이터를 보는 화면이다.

필터

필터링 방법

➡ 필터 화면에 Library를 클릭하면 위의 화면이 보이고 사용자가 원하는 필드에 대한 필터를 클릭하여 적용한다.

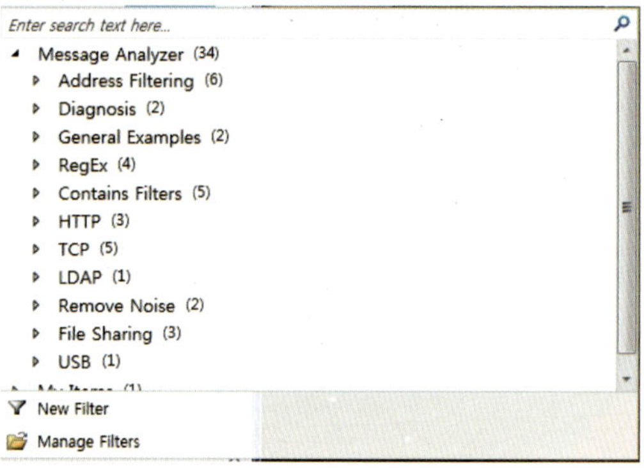

➡ IP주소로 필터링하는 경우 Address Filtering을 클릭, 필터링하고자 하는 주소를 클릭하면 필터링 된다.

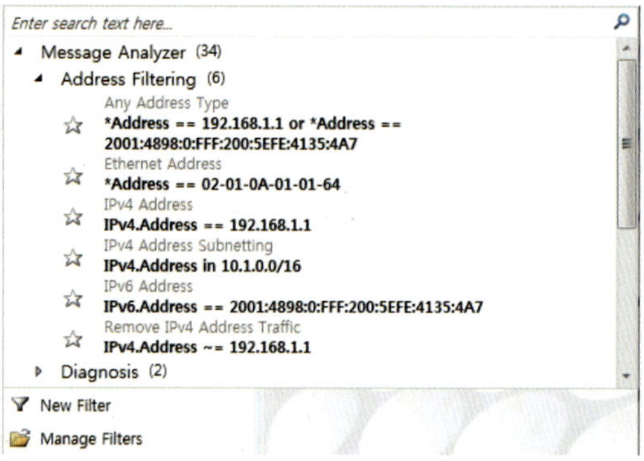

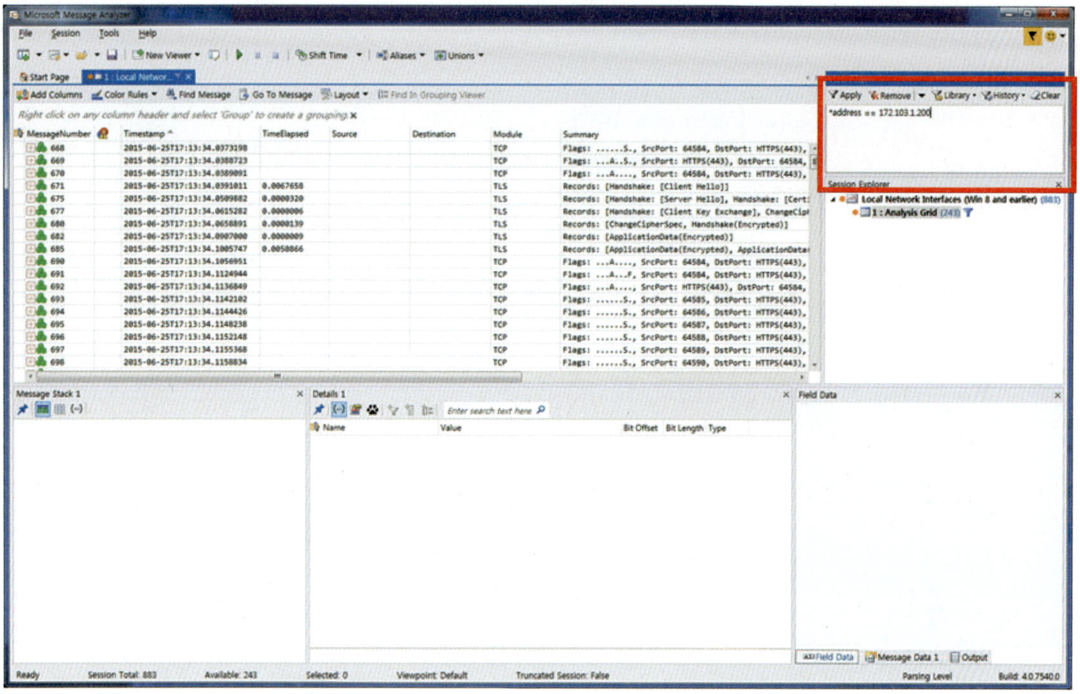

➡ IP 주소로 필터링된 화면이다.

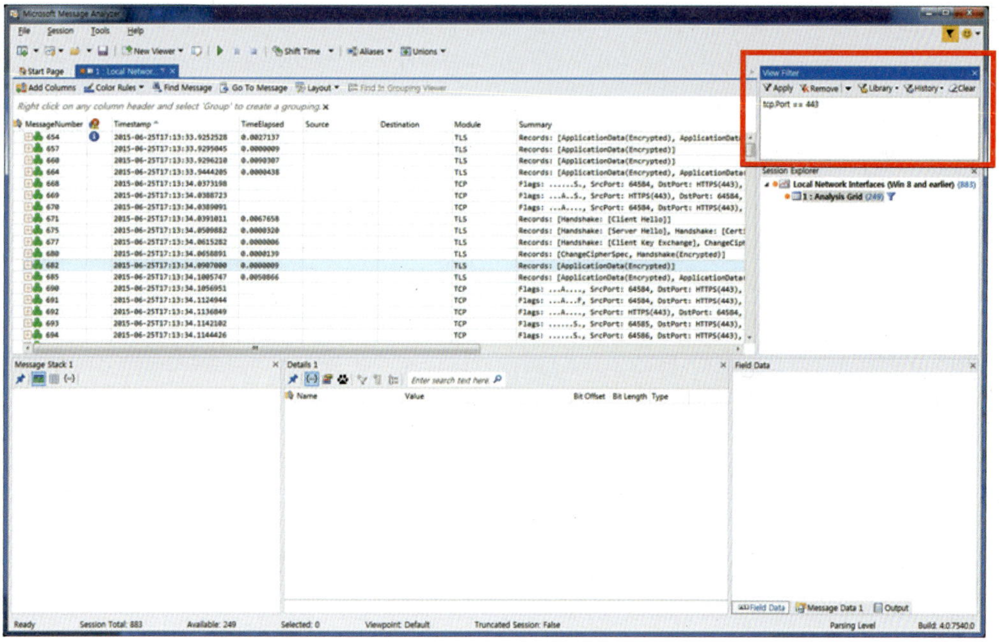

➡ PORT로 필터링된 화면이다.

분석 데이터 보기

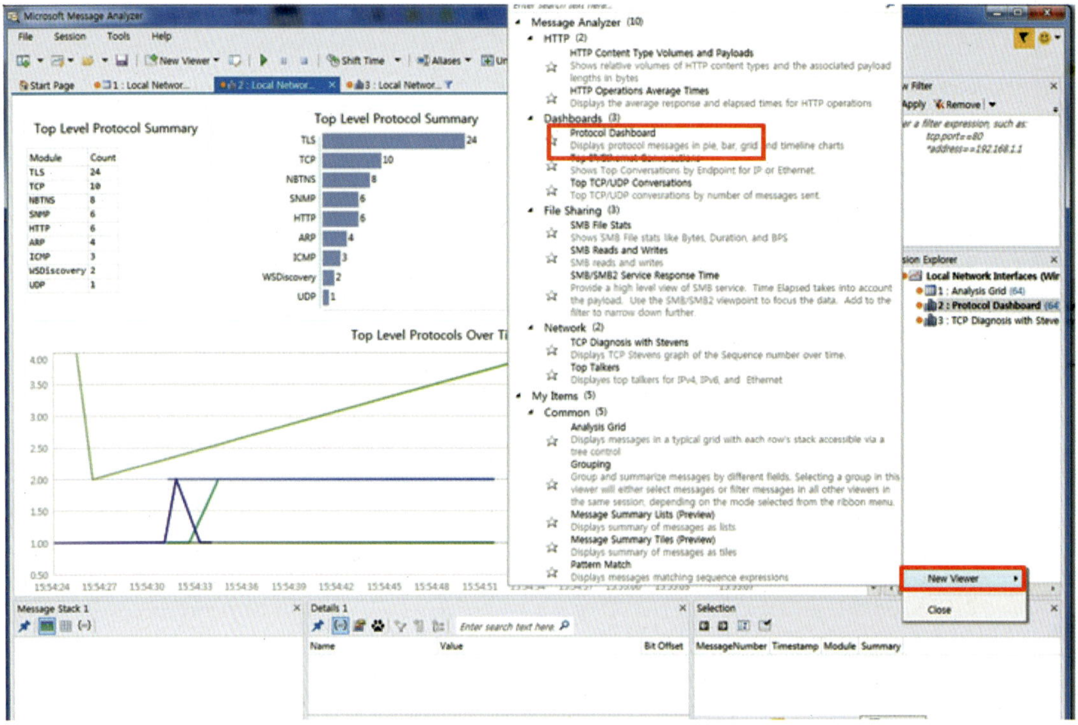

➡ "Session Explorer"에서 마우스 우클릭 → "New Viewer" → "Protocol Dashboard"를 클릭한다.

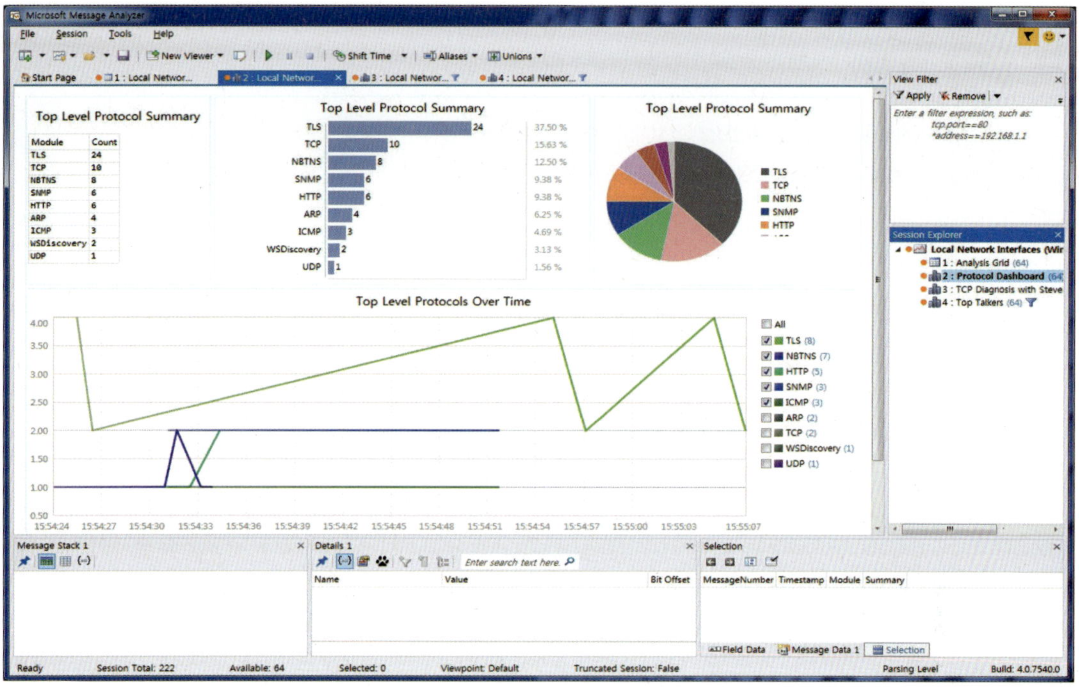

➡ Protocol Dashboard 화면은 캡처된 데이터의 프로토콜별 분석 내용을 다양한 차트로 보여준다.

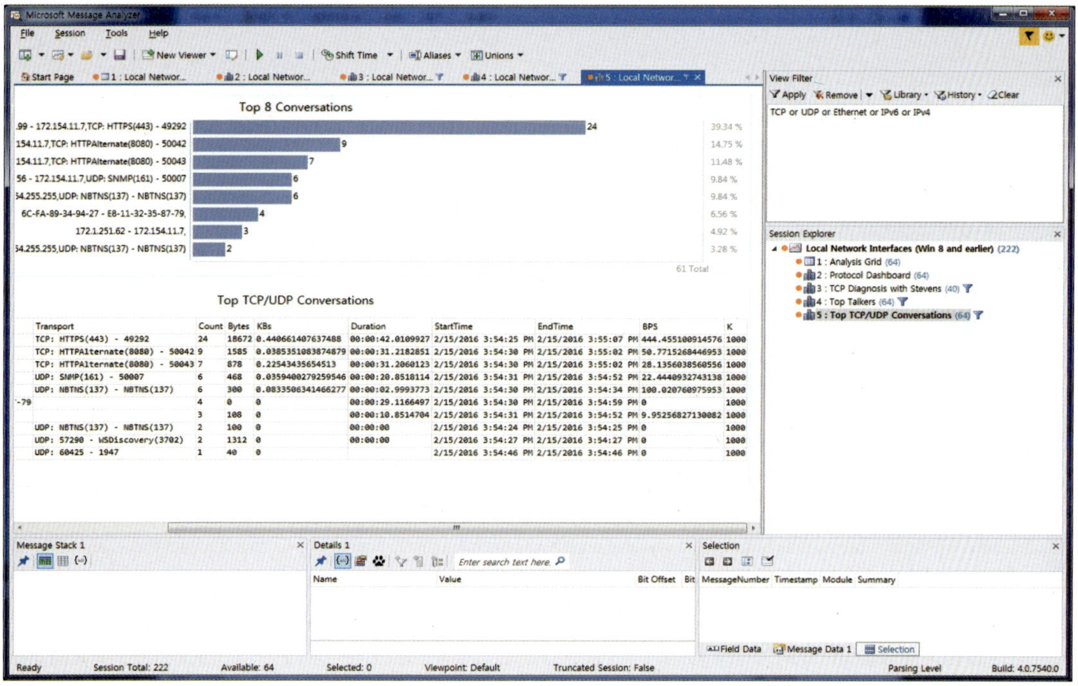

➡ Top Talker 화면은 가장 많은 패킷을 발생시킨 시스템 정보를 차트로 보여준다.

식별팁

Message analyzer 도구는 Wireshark와 기능이 유사하나 다양한 차트를 지원하고 있어 보고용으로 적합하고 Wireshark는 악성코드 식별이 편리한 기능을 제공하고 있으며 인터넷에 공개된 자료도 많기 때문에 식별에 사용하는 것이 적합하다.

제3절 Netstat

3.1 소개

Netstat란?

Netstat는 로컬시스템에서 사용하는 네트워크 연결 상태를 볼 수 있는 명령어이다.

특징

대부분의 운영체제(리눅스, 윈도우즈)에서 기본적으로 제공하는 프로그램이기 때문에 설치 없이 바로 실행시켜 빠르게 파악이 가능하다.

주요기능 소개

로컬 시스템의 통신 중인 IP 확인, 로컬시스템에 열린 포트 확인 기능을 제공한다.

다운로드

본 도구는 운영체제(윈도우즈, 리눅스 등)에서 기본적으로 지원하므로 다운로드 및 설치가 필요 없다.

주요 메뉴

"netstat-help" 화면이다.

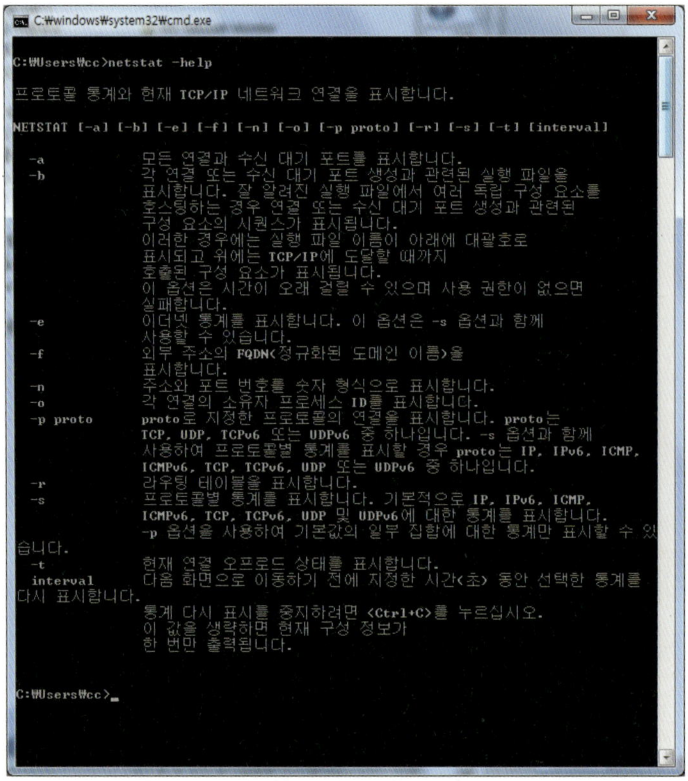

옵션	설명
-a	다른 PC와 연결(established)되어 있거나 대기(listening) 중인 모든 포트를 표시
-r	라우팅 테이블 표시 및 connection 되어 있는 포트 번호 확인(netmask, gateway)
-n	다른 PC와 연결(established)되어 있는 포트 번호 확인
-b	각 연결 또는 수신 대기 포트 생성과 관련된 실행 파일 표시
-p proto	proto로 지정한 프로토콜의 연결 표시
-s	프로토콜별 통계 데이터를 표시

➡ 상기 표는 netstat 명령어의 옵션에 대한 설명

3.2 기능

netstat -an

➡ 위의 그림에서 보는 바와 같이 프로토콜별, 로컬 주소와 외부 주소, 연결 상태를 알 수 있다.

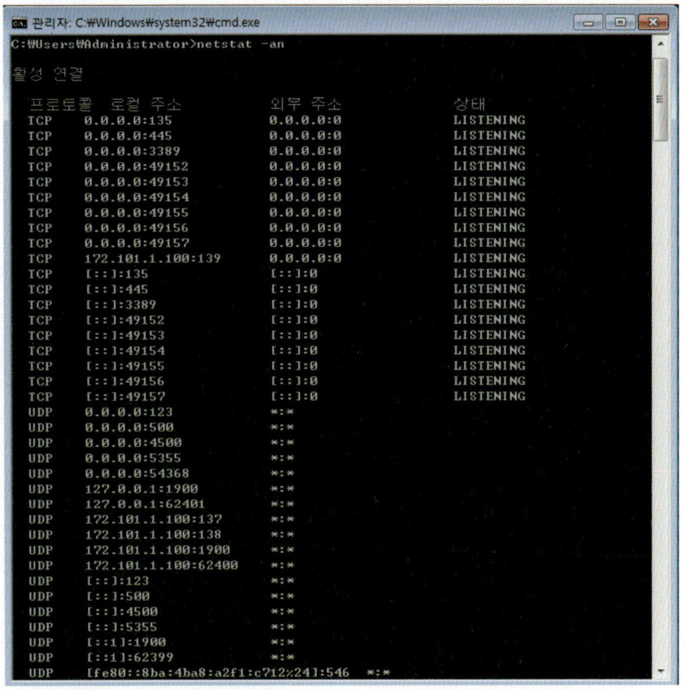

netstat -p proto

"netstat -p tcp" 명령어를 수행하면 TCP에 대한 연결 상태를 볼 수 있다.

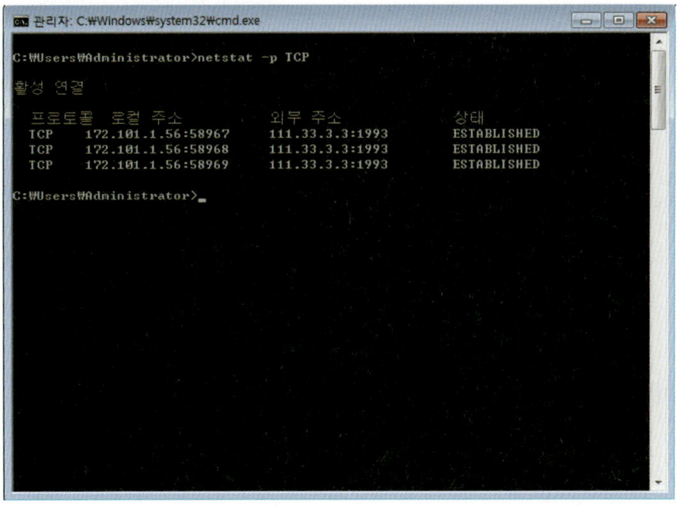

식별팁

좀비PC에 감염된 경우 C&C로 의심이 가는 IP에 대해 연결 상태가 "established", "syn_sent", "time_wait", "close_wait"의 경우를 보면 된다. -p 옵션은 "established"상태를 보여주므로 연결대상에 대해 쉽게 분석이 가능하다.

netstat -s -p proto

"netstat -s -p tcp"를 수행하면 TCP에 대한 통계 및 연결 상태를 볼 수 있다.

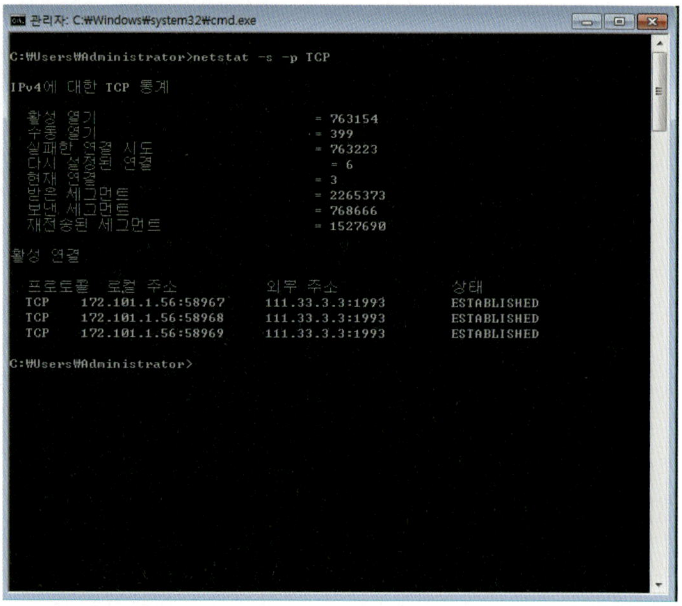

다른 도구를 사용해서 netstat 기능 사용하기

netstat는 TCPView, CurrPorts, Process Explorer에서 유사한 기능 제공하고 있으며 netstat가 command line 방식인데 반해 TCPView, CurrPorts, Process Explorer는 GUI 기반이라 사용이 더 편리하고 제공하는 정보도 더 많다.

➡ Process Explorer에서도 netstat와 유사한 기능 보유

(예) Process Explorer → 의심되는 프로세스를 클릭한 후 마우스 오른쪽 클릭 → Properties 클릭 → Properties 화면에서 TCP/IP 탭팬 클릭

식별팁

netstat와 유사한 기능을 제공하는 도구가 많은데 단순 연결 정보만 확인하려면 Process Explorer를 이용하고 좀 더 많은 데이터를 알고 싶으면 TCPView, CurrPorts를 이용한다.

실습

1. PC에 원격 연결된 내용을 netstat를 이용하여 분석하시오.
   - ➡ 원격 연결된 IP주소가 있는가?
   - ➡ 있다면 연결된 원격 IP주소는 무엇인가?
   - ➡ 연결된 원격 IP주소로 데이터는 주고받고 있는지 유무를 파악하시오.

제4절 TCPView

4.1 소개

TCPView

TCPView는 로컬시스템에서 실행 중인 프로세스의 네트워크 연결 상태를 보여주는 GUI 기반의 분석 도구이다.

특징

로컬시스템에 열린 포트 및 IP를 확인해볼 수 있는 프로그램으로 C&C(Command & Control) 서버에 의해 원격으로 명령을 송수신하는 악성코드 분석 시에 활용 가능하다.

주요기능 소개

프로세스별 열린 IP 및 포트 확인 기능, 해당 프로세스 송수신 데이터양 보기 기능을 제공한다.

다운로드

http://technet.microsoft.com/ko-kr/sysinternals/bb897437

4.2 기능

Save

현재 화면의 상태를 텍스트 파일로 저장하는 기능이다.

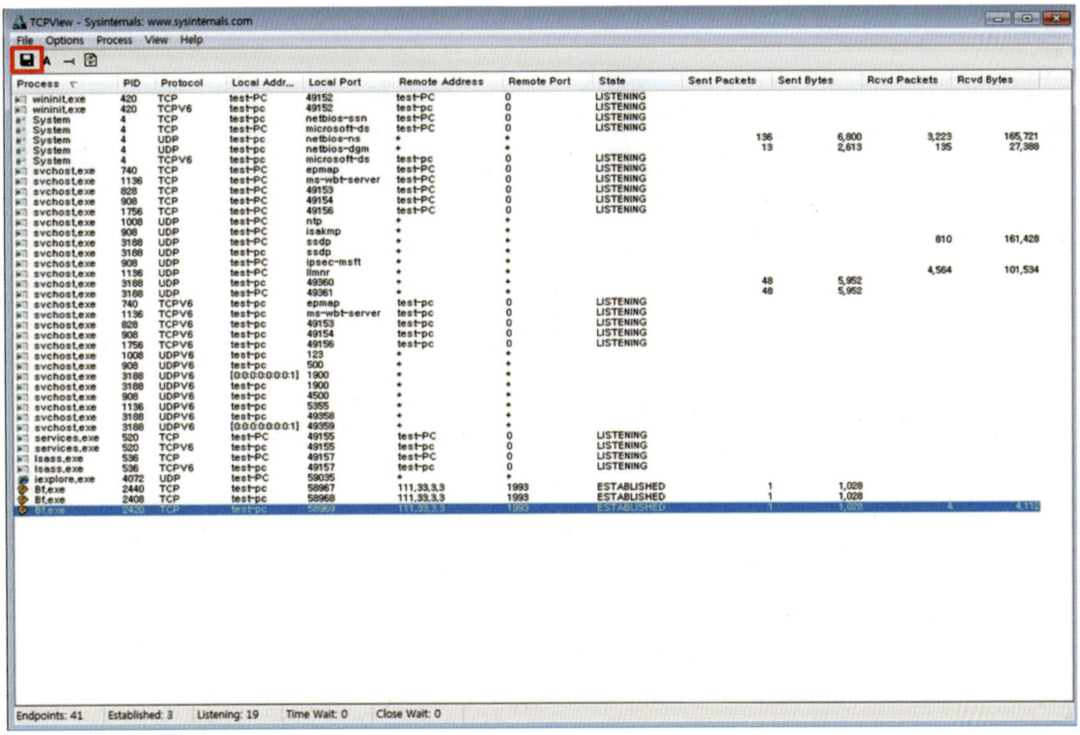

➡ 화면에 보이는 내용을 텍스트 형태로 저장할 수 있다.

식별팁

담당자가 직접 식별하기 어려울 경우 TCPView 프로그램의 저장하기 기능을 이용하여 분석 전문가에게 의뢰하는 것이 좋다.

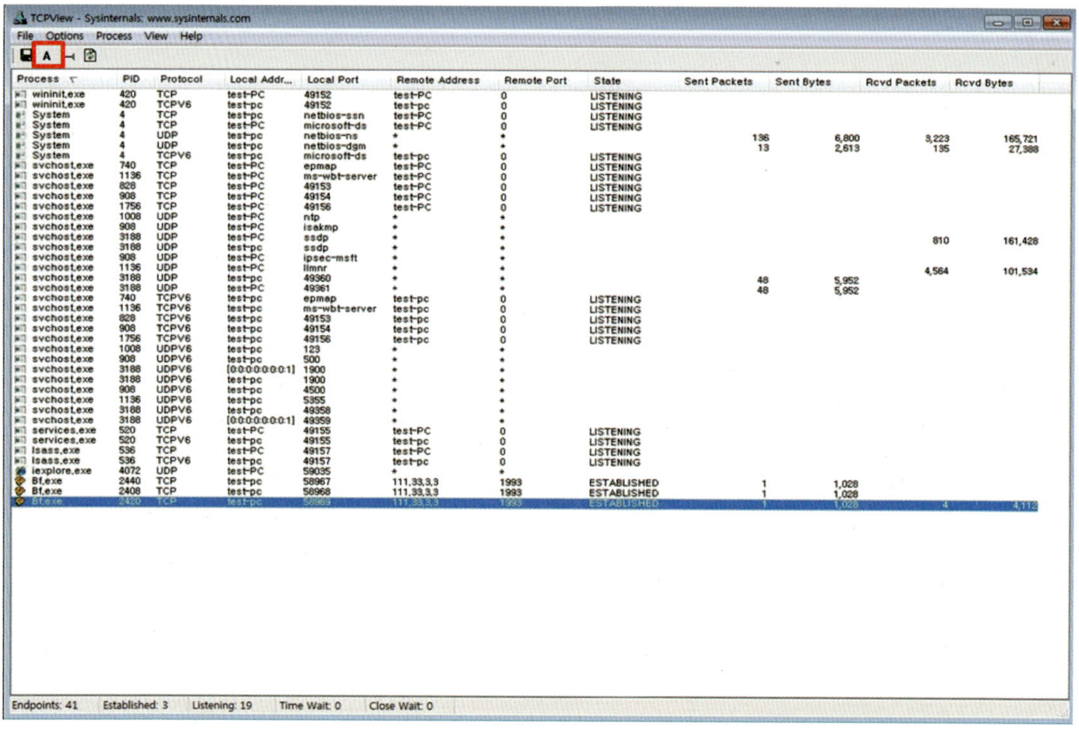

➡ Resolve Address: Local Address, Local port, Remote Address, Remote port를 숫자로 보여준다.

특정 상태의 프로세스만 보기 기능(Option→ Show Unconnected Endpoints)

모든 프로세스의 연결 상태 혹은 연결과 관련된 상태만을 볼 수 있다.

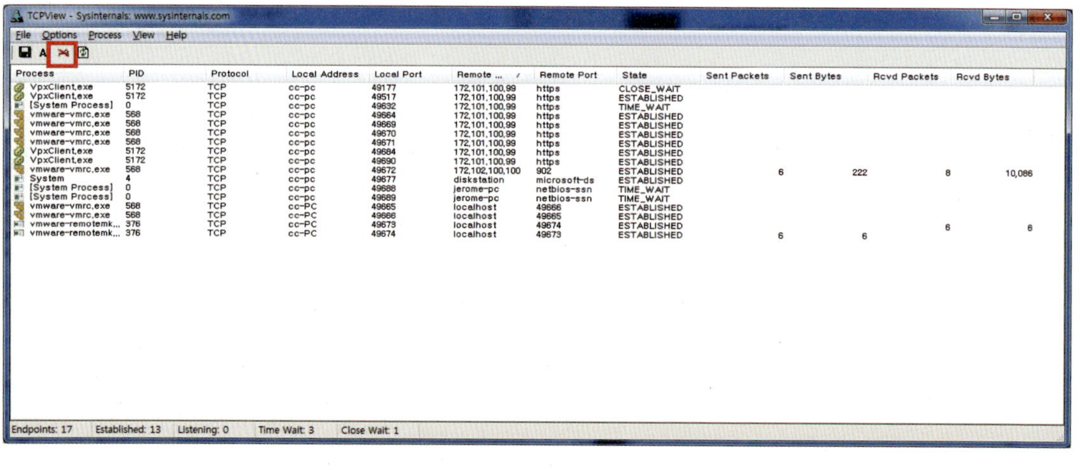

➡ Options 메뉴 혹은 툴바에 Show Unconnected Endpoints 보기를 클릭하면 상기와 같이 연결되지 않은 상태(Listen)의 프로세스는 보이지 않고 연결과 관련된 상태를 갖는 프로세스만 볼 수 있다.

식별팁

C&C 서버에 의해서 제어되는 악성코드는 TCPView의 State와 주고받은 데이터(Send Packet/Bytes, Rcvd Packets/Bytes) 칼럼을 살펴보면 된다. 즉, 연결 준비, 연결 상태(TIME_WAIT, CLOSE_WAIT, SYN_SENT, ESTABLISHED, LAST_ACK) 등의 경우에 데이터를 주고받은 내용이 있으면 C&C 서버로 의심해 볼 수 있다.

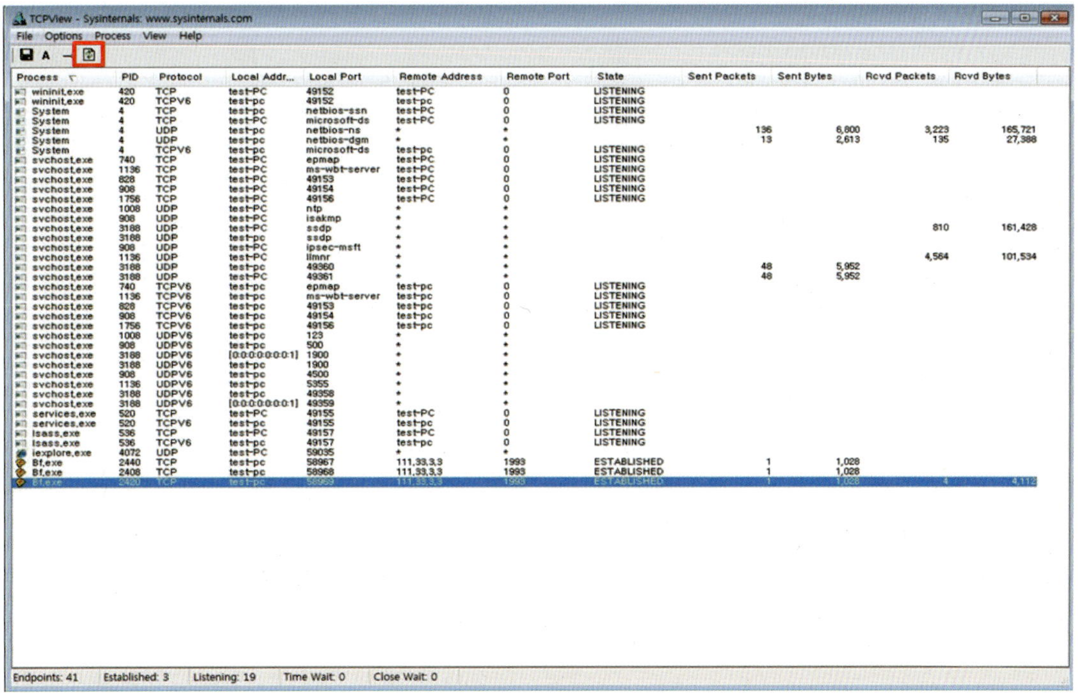

➡ Refresh: 관련 정보를 업데이트하여 다시 보여준다.

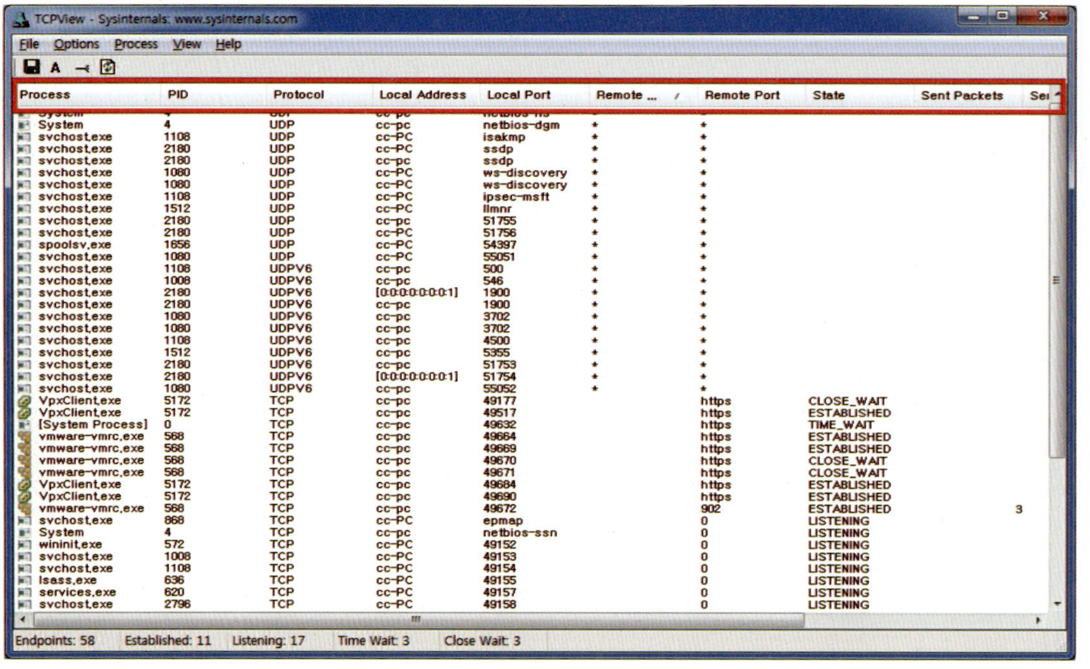

➡ 각 테이블의 헤더 클릭 시 알파벳순서로 정렬된다.

연결 상태 보기 기능

프로그램을 실행하면 각 프로세스별 사용 프로토콜, 로컬 주소, 로컬 포트, 원격지 주소, 원격지 포트, 연결 상태 등을 볼 수 있는 기능이다.

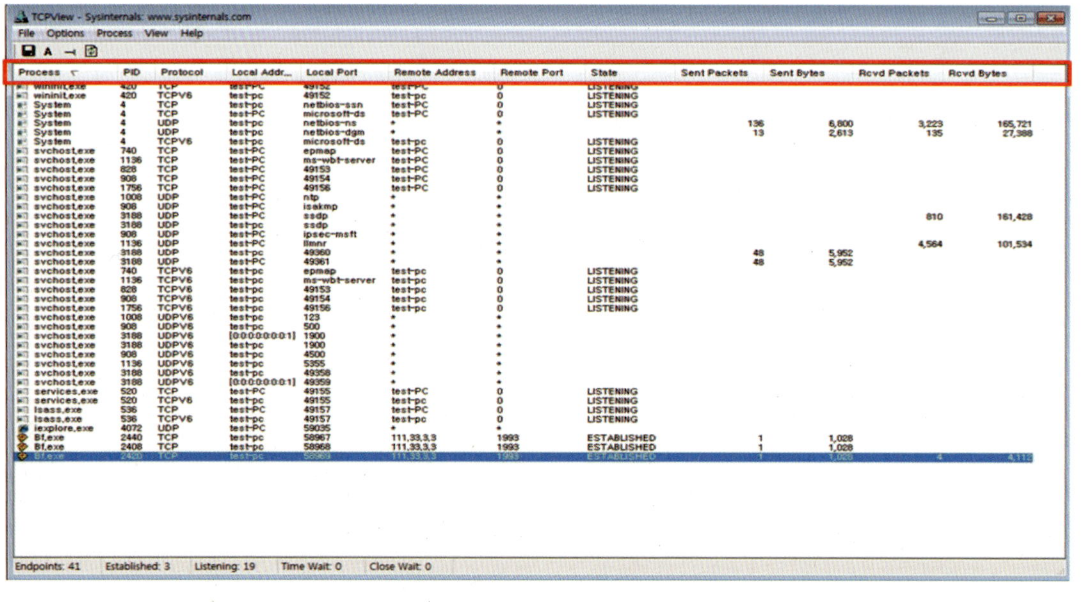

각 컬럼은 다음과 같은 내용을 표시한다.

- Process: 프로세스명
- PID: 프로세스 ID
- Protocol: 프로세스가 사용하는 프로토콜, TCP, UDP 등
- Local Address: 전송하는 패킷의 발신지 주소
- Local Port: 프로세스에 사용된 로컬 포트
- Remote Address: 프로세스에 연결된 원격 주소
- Remote Port: 프로세스에 연결된 원격 포트
- State: 프로세스의 네트워크 연결 상태 출력
- Send Packets/Bytes: Local 프로세스가 Remote로 보낸 데이터
- Rcvd Packets/Bytes: Local 프로세스가 Remote로 부터 받은 데이터

식별팁

악성코드의 경우 C&C 서버와 항상 통신하는 것이 아니기 때문에 연결 상태를 확인하는 동시에 Send Packets/Bytes나 Rcvd Packets/Bytes 필드도 같이 확인하는 것이 좋다.

프로세스 실행 패스 보기 및 종료 기능

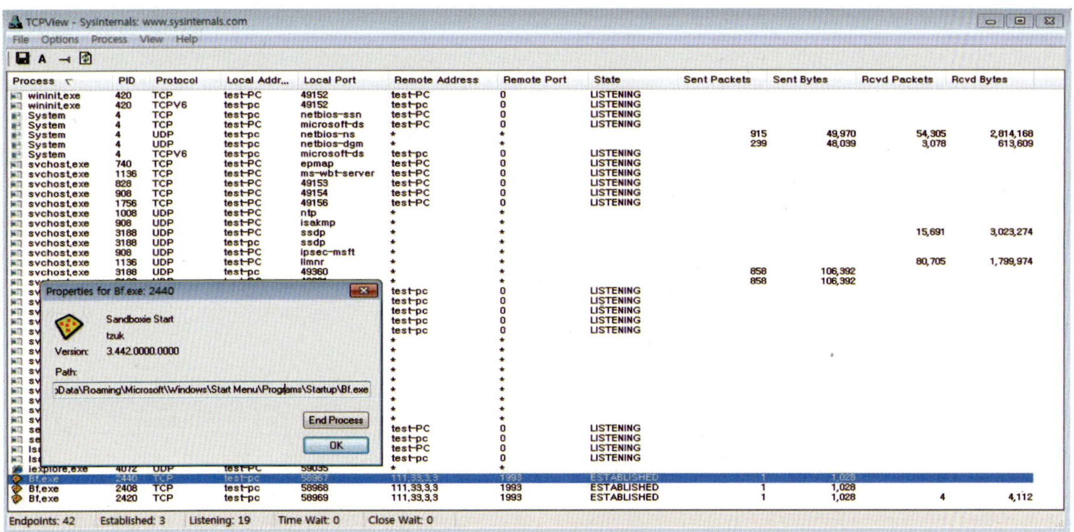

- 해당 프로세스를 더블클릭하여 실행 패스 확인 및 종료 기능을 제공한다.

실습

1. TCPView를 이용하여 PC에 연결 상태의 프로세스의 정보를 저장해보시오.
2. TCPView를 이용하여 PC에 모든 프로세스의 정보를 Local Address 항목에 IP주소가 나오도록 저장해보시오.

제5절 CurrPorts

5.1 소개

CurrPorts란?

프로세스가 열고 있는 포트에 대한 정보를 보여주는 프로그램으로 기본적인 기능은 netstat, TCPView와 유사하다.

특징

netstat, TCPView보다 프로세스 정보를 더욱 상세하게 표시하며 필터링, 로깅 기능, 보고서 작성 등의 추가 기능이 있어 보고서 작성 시 편리하다.

주요기능 소개

프로세스별 열린 IP 및 포트 확인 기능, 해당 프로세스와 관련된 서비스 정보 등의 기능을 제공한다.

다운로드

http://www.nirsoft.net/utils/cports.html#DownloadLinks

메인화면

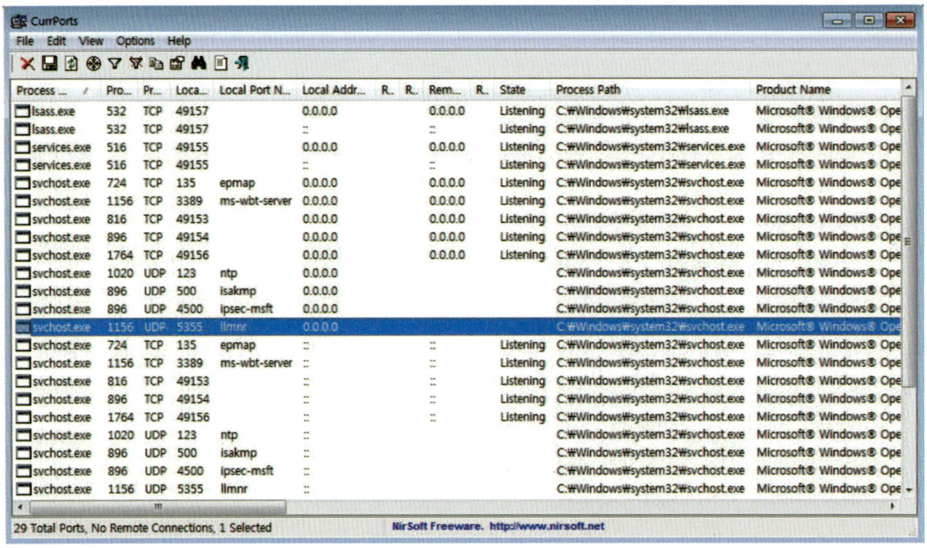

각 컬럼은 다음과 같은 내용을 표시한다.

- Process Name: 프로세스명
- Process ID: 프로세스 ID
- Protocol: 프로세스가 사용하는 프로토콜, TCP, UDP 등
- Local Port: 프로세스에 사용된 로컬 포트 번호
- Local Port Name: 프로세스에 사용된 로컬 포트 이름
- Local Address: 전송하는 패킷의 발신지 주소
- Remote Port: 프로세스에 연결된 원격 포트 번호
- Remote Port Name: 프로세스에 연결된 원격 포트 이름
- Remote Address: 프로세스에 연결된 원격 주소
- State: 프로세스의 네트워크 연결 상태 출력
- Process Path: 프로세스의 실행 위치
- Product Name: 프로세스를 만든 회사
- File Description: 파일 설명
- File Version: 파일 버전
- Company: 프로세스를 만든 회사
- Process Created On: 프로세스 생성 시간
- Process Path: 프로세스를 실행한 사용자 이름

➡ Process Services: 프로세스와 관련된 서비스 이름

➡ Process Attributes: 프로세스 속성(A:Archieve, S:System File, H:Hidden, R:Read only)

➡ Added On: 특정 connection이 추가된 시간

➡ 이 외에도 Module Filename, Remote IP Country, Window Title 컬럼 등이 있음

5.2 기능

저장 기능

선택된 항목 혹은 전체 항목(View→HTML Report - All Items)을 저장한다.

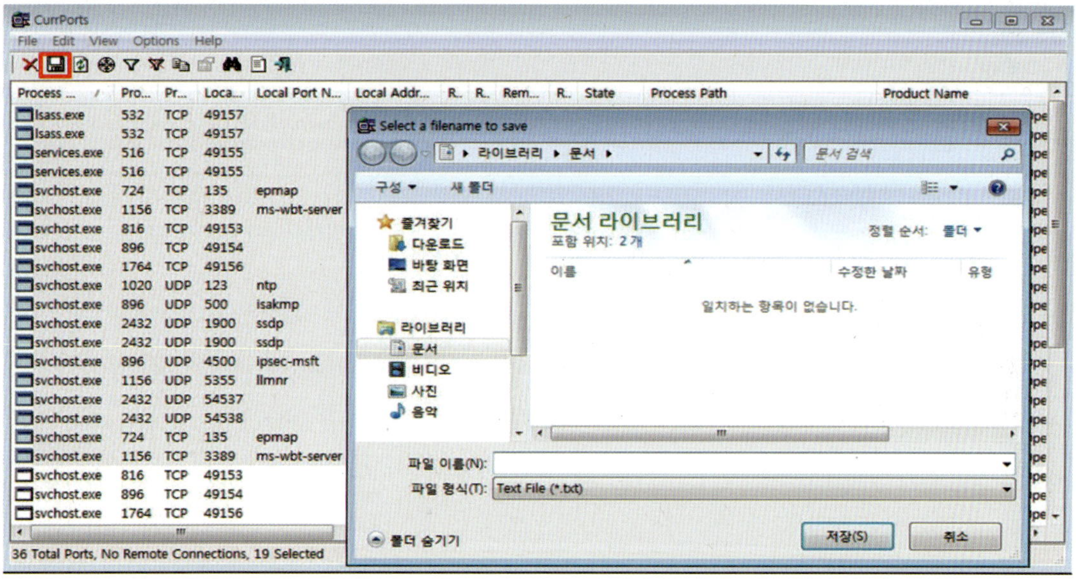

➡ 저장하고자 하는 컬럼을 선택하여 툴바의 저장 버튼을 클릭하면 텍스트, HTML, XML, csv 형태의 파일로 저장하는 기능이다.

식별팁

담당자가 직접 식별하기 어려울 경우 CurrPorts의 메인화면을 저장하여 분석 전문가에게 의뢰하는 방법을 이용할 수도 있다.

리프레시 기능

현재 보이는 아이템에 대한 정보를 업데이트하여 보여주는 기능이다.

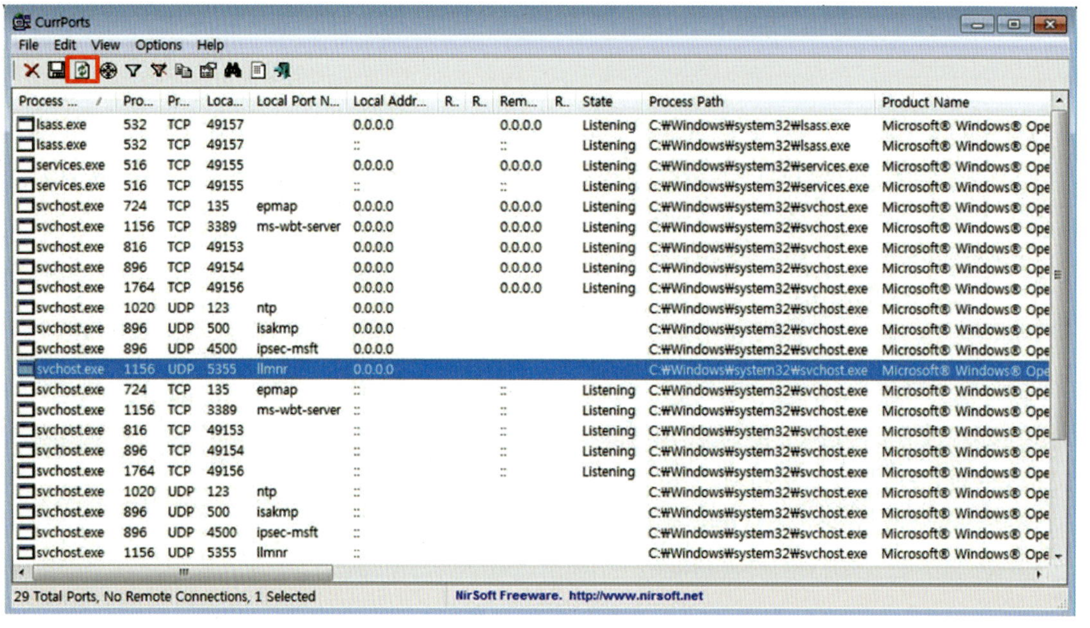

➡ 리프레시 버튼을 클릭하면 항목이 업데이트된다.

원하는 프로세스 보기 기능(Drag this button to the desired application)

보기를 원하는 프로세스만을 선택할 때 버튼을 드래그(Drag)하여 해당 애플리케이션에 드랍(Drop)하여 보는 기능이다.

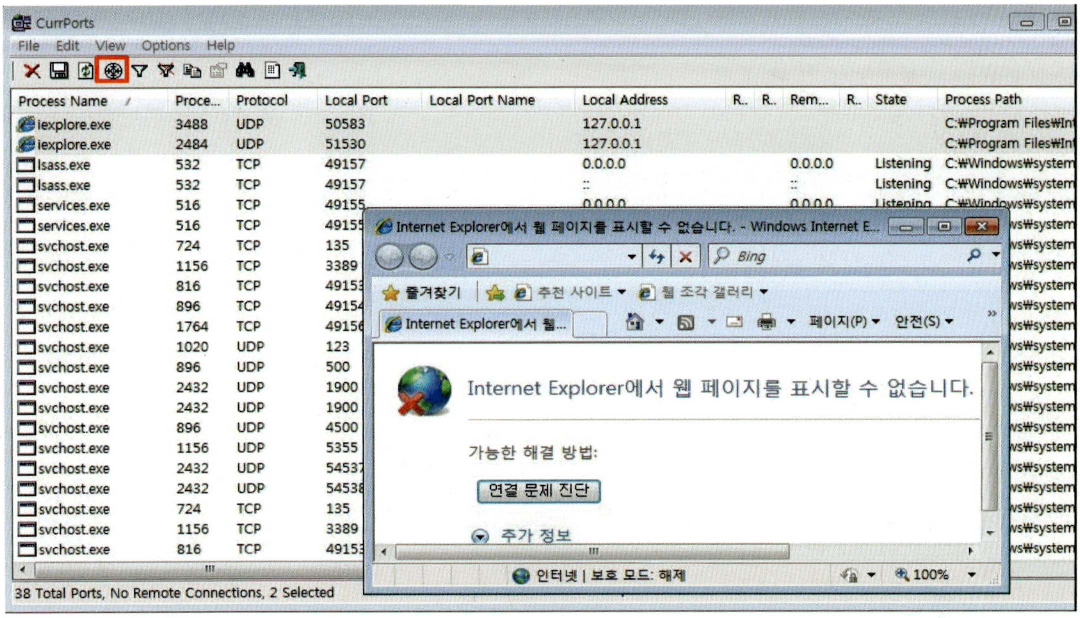

➡ Internet Explorer 프로세스만 보기를 원할 때 툴바의 버튼을 드래그(drag)하여 위의 그림에서 보이는 Internet Explorer에 드랍(drop)한다.

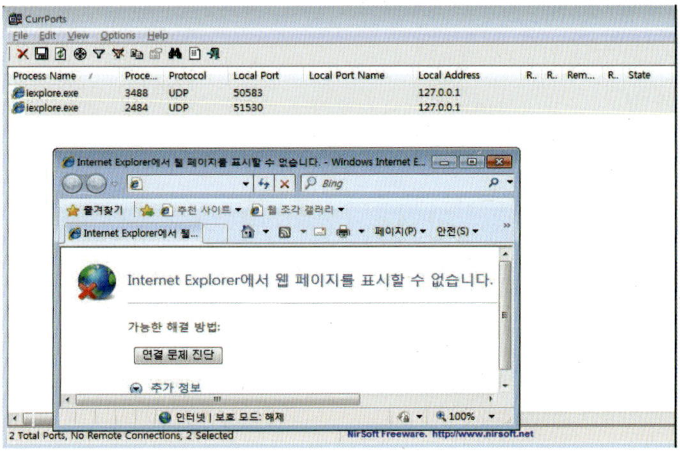

➡ 드랍(drop) 후 위의 그림에서 보는 바와 같이 CurrPorts화면에는 Internet Explorer 프로세스만 보인다.

필터 기능

원하는 내용을 포함하거나 제외시키는 기능이다.

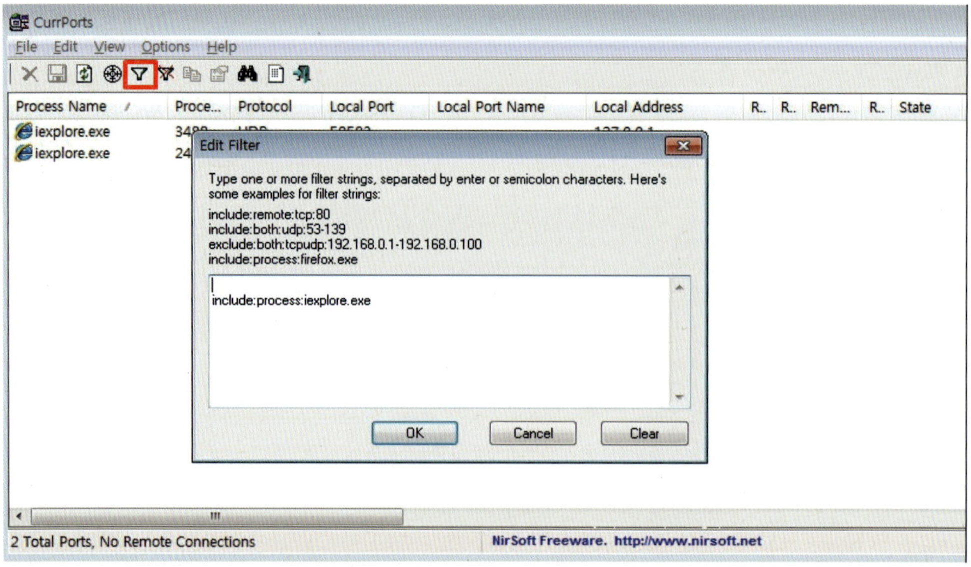

➡ 필터링 규칙 예제에 따라 사용자 정의의 필터링 규칙 입력이 가능하다. 위의 화면은 Internet Explorer만 보는 필터링 규칙이다.

프로세스 속성 보기

선택된 프로세스에 대한 속성을 볼 수 있다.

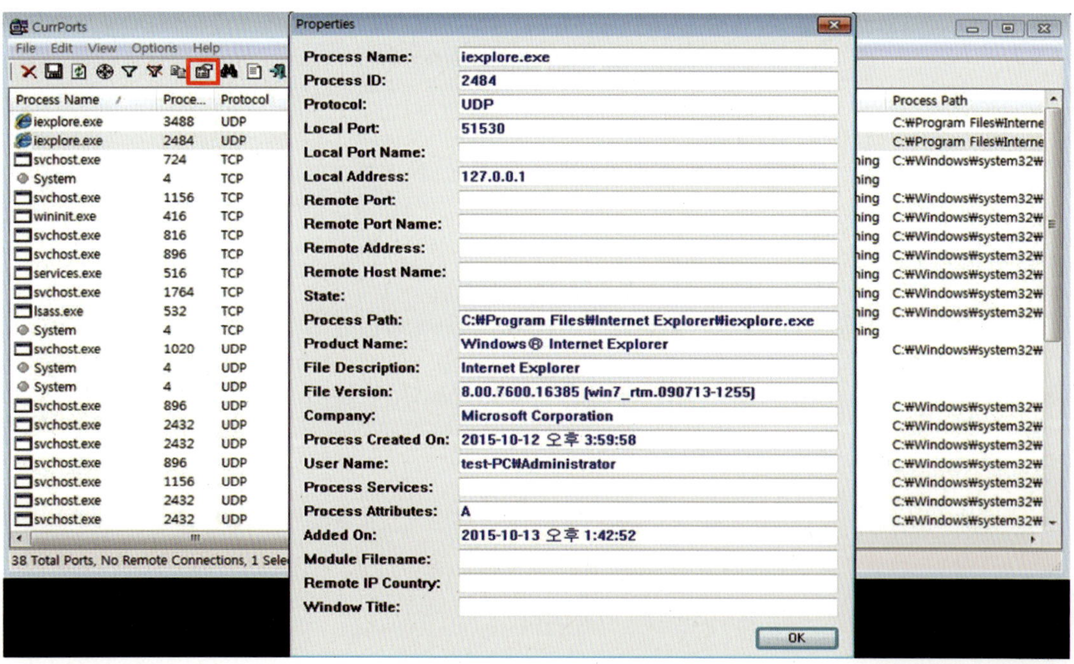

➡ 위의 화면은 툴바에 있는 선택된 프로세스의 프로세스 속성 보기 버튼을 클릭했을 때 보이는 화면이다.

문자열 찾기

화면에 보이는 문자열에 대한 찾기 기능이다.

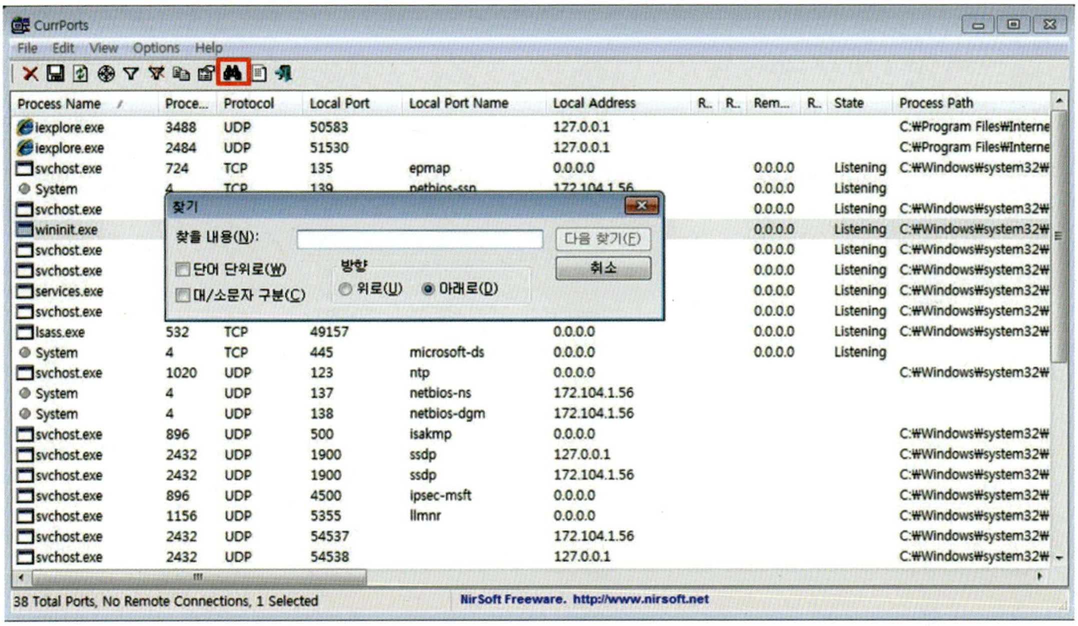

➡ 툴바에 찾기 버튼을 클릭하면 위의 그림과 같이 찾기 화면이 나오는데 찾고자 하는 문자열을 입력하고 다음 찾기 버튼을 클릭하면 찾는 문자열의 항목이 선택된다.

HTML 리포트

화면에 나타난 전체 프로세스 항목에 대한 HTML 저장 기능이다.

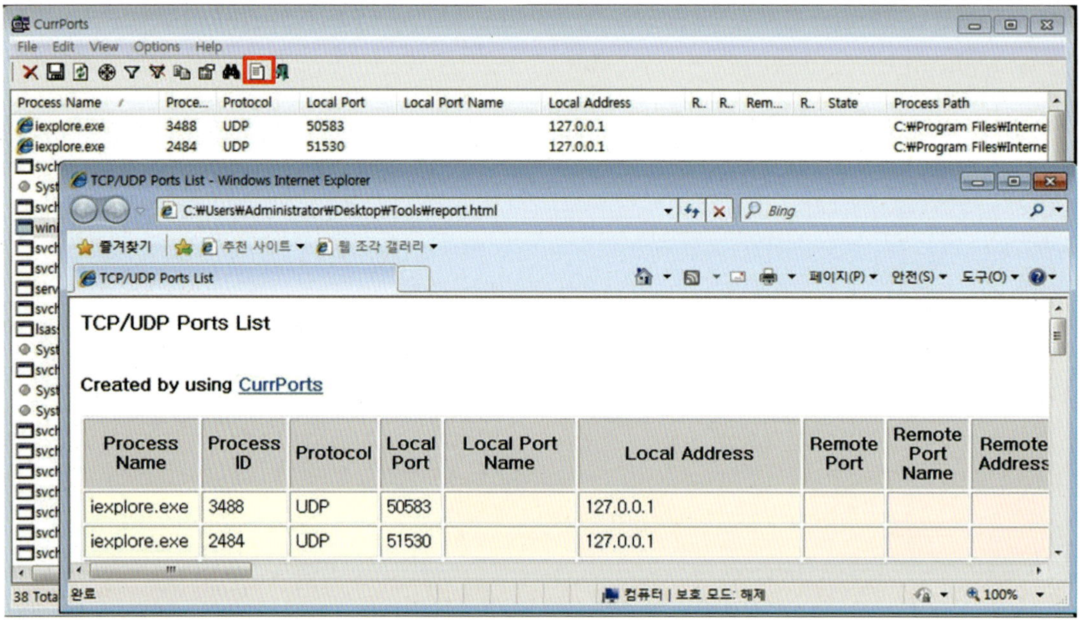

➡ 저장 기능의 HTML 저장 기능과 동일한 기능으로 툴바에 있는 버튼 클릭 시 위의 화면에 보이는 것처럼 모든 아이템에 대한 HTML 리포트를 생성하여 웹브라우저로 보여준다.

실 습

1. CurrPorts 도구를 이용하여 "System" 프로세스명 제외시켜는 필터링 규칙을 적용해보시오.

내 PC를 지켜줘

4

포렌식 도구

제1절

LastActivityView

1.1 소개

LastActiveView란?

PC가 부팅된 시점부터 실행된 응용 프로그램 정보를 기록하는 윈도우즈용 분석 도구이다.

특징

윈도우즈에 레지스트리, 이벤트 로그, 윈도우즈 프리패치 폴더 등의 정보를 참조하여 보여주는 도구이므로 정확한 정보이다.

주로 IPS 등 다른 보안 장비와 협력하여 추측 가능한 공격 시간을 알아낸 후 감염된 시스템에서 분석할 때 사용한다.

주요기능 소개

실행된 파일의 실행시간 보기 기능, 열린 폴더 시간 보기 기능, 설치된 소프트웨어 설치 시간 보기 기능 등을 제공한다.

다운로드

http://www.nirsoft.net/utils/computer_activity_view.html

메인화면

다음은 주요 메뉴 설명이다.

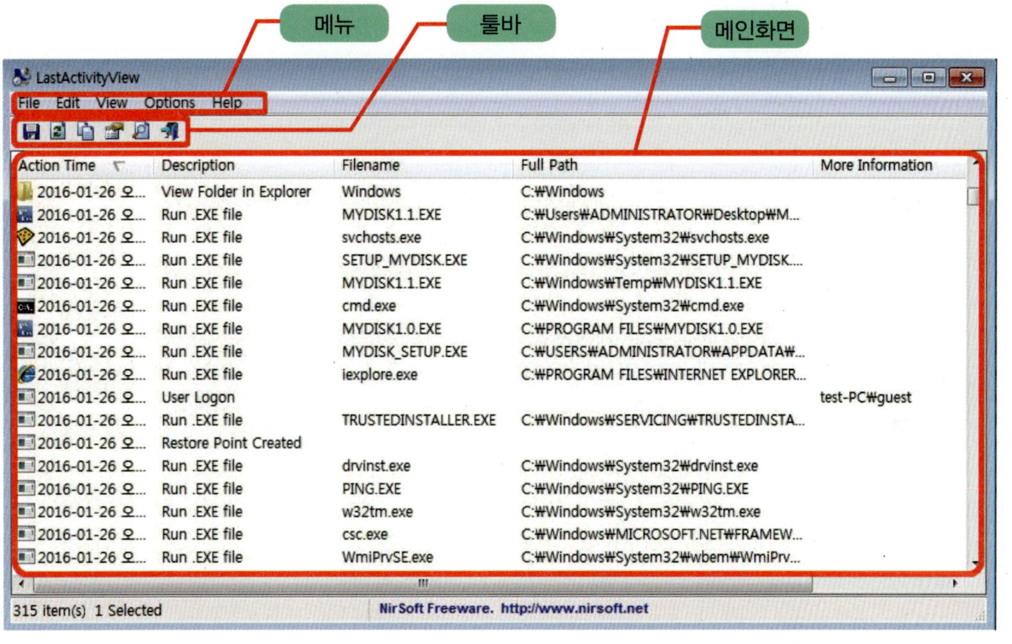

- 메뉴: 상세 보기, 아이템 선택 등의 메뉴
- 툴바: 저장, 리프레쉬, 찾기, 속성보기 등의 자주 쓰는 기능
- 메인화면: 실행프로그램의 속성 정보를 시간 순으로 보여주는 화면

1.2 기능

Properties 버튼

선택된 아이템의 상세 정보 보기이다.

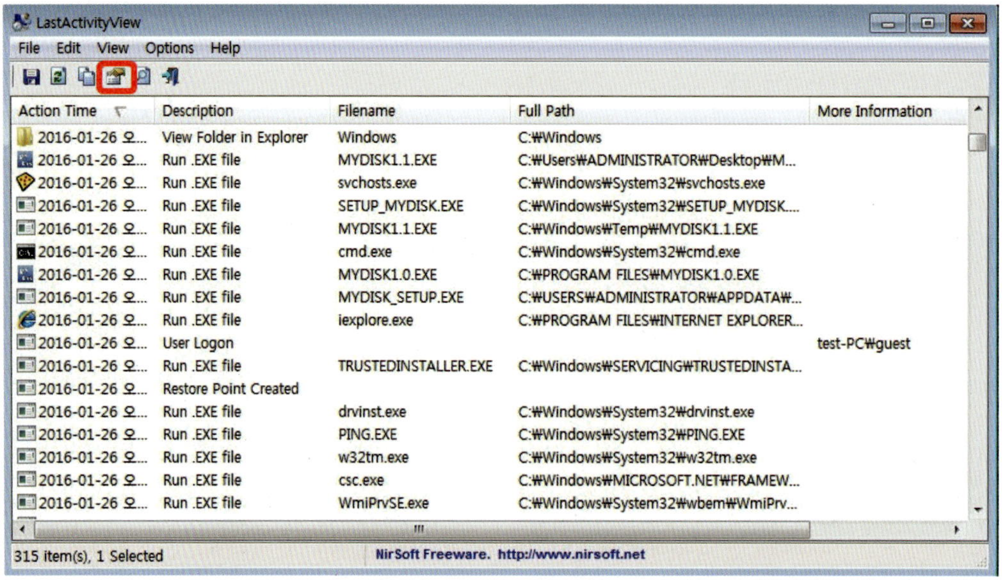

➡ 메인화면에서 자세히 보고자 하는 아이템을 클릭한 후 툴바 버튼을 클릭하면 상세 정보를 팝업창으로 볼 수 있다.

➡ 메인화면의 정보를 다양한 형태(txt, csv, html, XML)의 파일로 저장하는 기능, 문자열 검색 기능 등을 제공한다.

식별팁

LastActivityView 도구만으로는 악성코드 식별이 어렵고 IPS 등 다른 보안 시스템의 공격 탐지 시간 등을 고려하여 식별해야 한다.

제2절 BrowsingHistoryView

2.1 소개

BrowsingHistoryView란?

웹브라우저의 접속 이력을 보여주는 프로그램으로 이전 버전은 "IEHistoryView" 라는 도구 명이었으나 최신 버전(IE10, IE11 지원)을 지원하면서 상기 도구 명으로 변경되었다.

특징

Internet Explorer 뿐만 아니라 Firefox, Chrome, Safari, Opera 브라우저의 접속 기록을 보여주는 도구이다.

주요기능 소개

웹브라우저의 접속 시간 보기, 방문 회수 보기, 사용한 웹브라우저, 사용자 프로파일 등의 정보 보여주는 기능을 제공한다.

다운로드

http://www.nirsoft.net/utils/iehv.html

메인화면

다음은 주요 메뉴 설명이다.

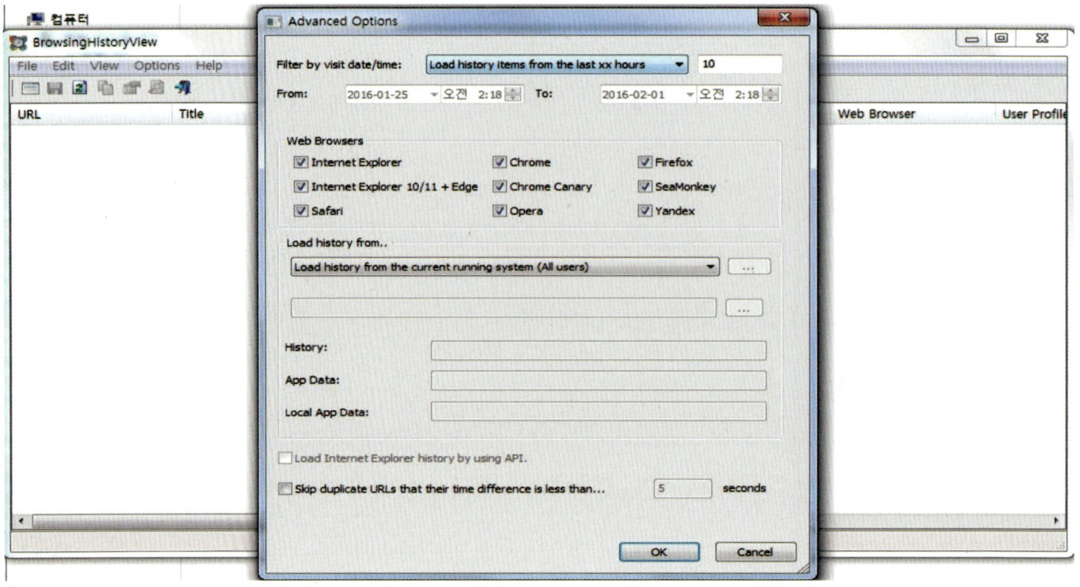

➡ 처음 실행하면 "Advanced Options" 창이 뜨는데 기본적인 설정 상태에서 "OK" 해도 실행이 된다.

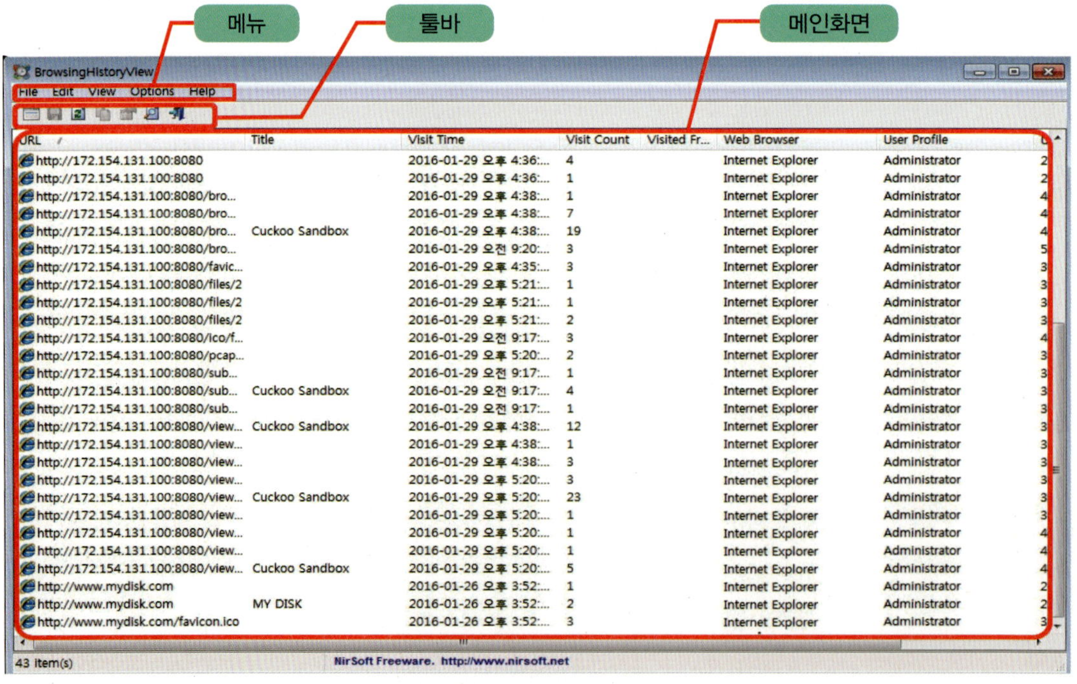

➡ 메뉴: 설정파일 저장, 찾기, 리포트 보기 등 BrowsingHistoryView의 모든 기능을 제공하는 메뉴이다.

➡ 툴바: 상세 옵션 설정, 저장, 리프레쉬, 찾기, 종료 등 자주 쓰는 기능을 모아놓은 메뉴이다.

➡ 메인화면: 브라우저로 접근한 히스토리, URL, 시간 등을 보여주는 화면이다.

2.2 기능

접속 이력 보기

웹브라우저로 접속한 이력을 볼 수 있다.

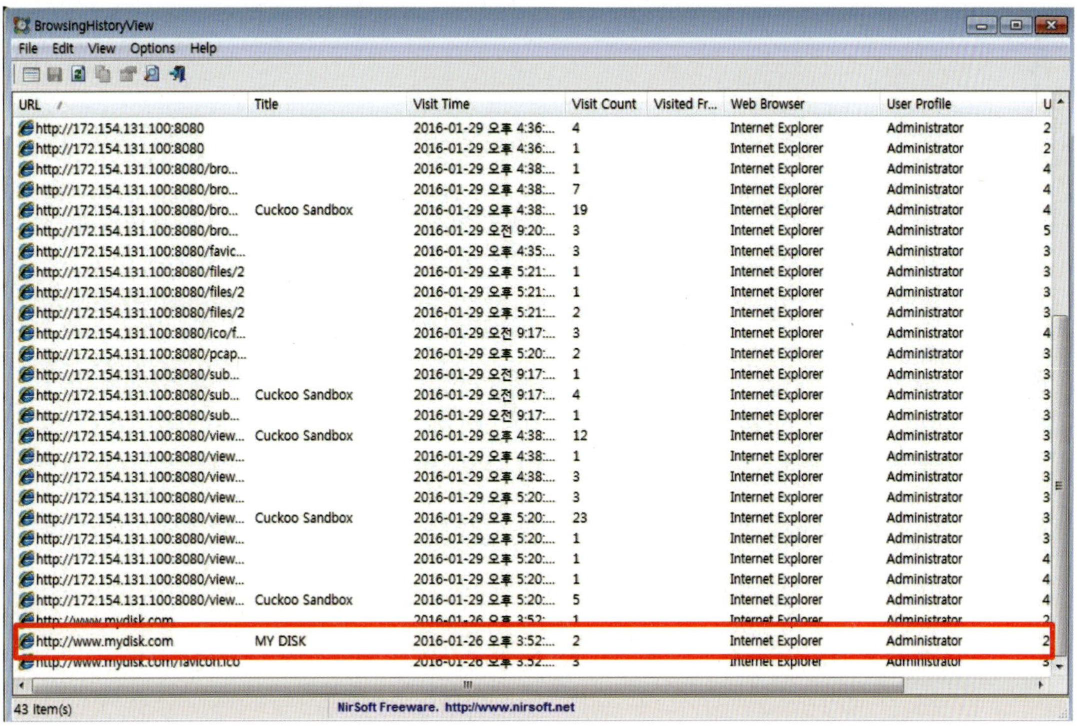

➡ 빨간 박스에서 보는 바와 같이 접속한 URL, 타이틀, 방문시간, 방문 회수, 접속한 웹브라우저 종류, 사용자 프로파일 등의 내용을 볼 수 있다.

식별팁

BrowsingHistoryView 도구만으로는 악성코드 식별이 어렵고 IPS 등 다른 보안 시스템의 공격 탐지 시간 등을 고려하여 도구를 활용해야한다

5

기타 분석 도구

제1절

HWPScan2

제 1 절

1.1 소개

HWPScan2란?

한글 문서 내부의 취약점을 점검하는 프로그램이다.

특징

리버스 엔지니어링(Reverse Engineering)에 대한 깊은 지식 없이 한글 문서 내에 악성코드를 점검할 수 있는 프로그램이다.

한글문서로부터 악성코드가 감염되었다고 추측될 경우 본 프로그램을 실행만으로 악성코드를 점검할 수 있다.

주요기능 소개

한글 문서 내 악성코드 자동 점검 기능을 제공한다.

다운로드

https://dl.dropboxusercontent.com/u/5806441/nurilab/hwpscan2w_v0.24.zip

메인화면

다음은 주요 메뉴 설명이다.

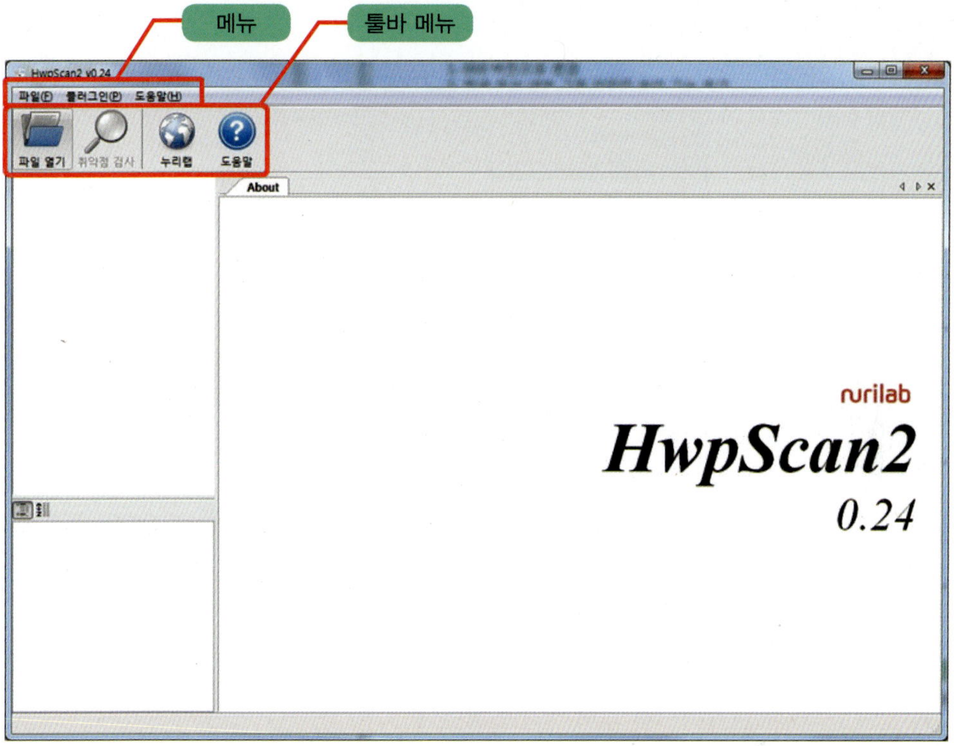

➡ 파일 메뉴: 파일 열기, 플러그인 적용 등 HWPScan2의 모든 기능을 제공하는 메뉴이다.

➡ 툴바 메뉴: 파일 열기, 취약점 검사 등 자주 사용하는 기능을 모아놓은 메뉴이다.

1.2 기능

한글 파일 취약점 분석 기능

클릭만으로 한글 파일의 취약점을 점검해주는 기능이다.

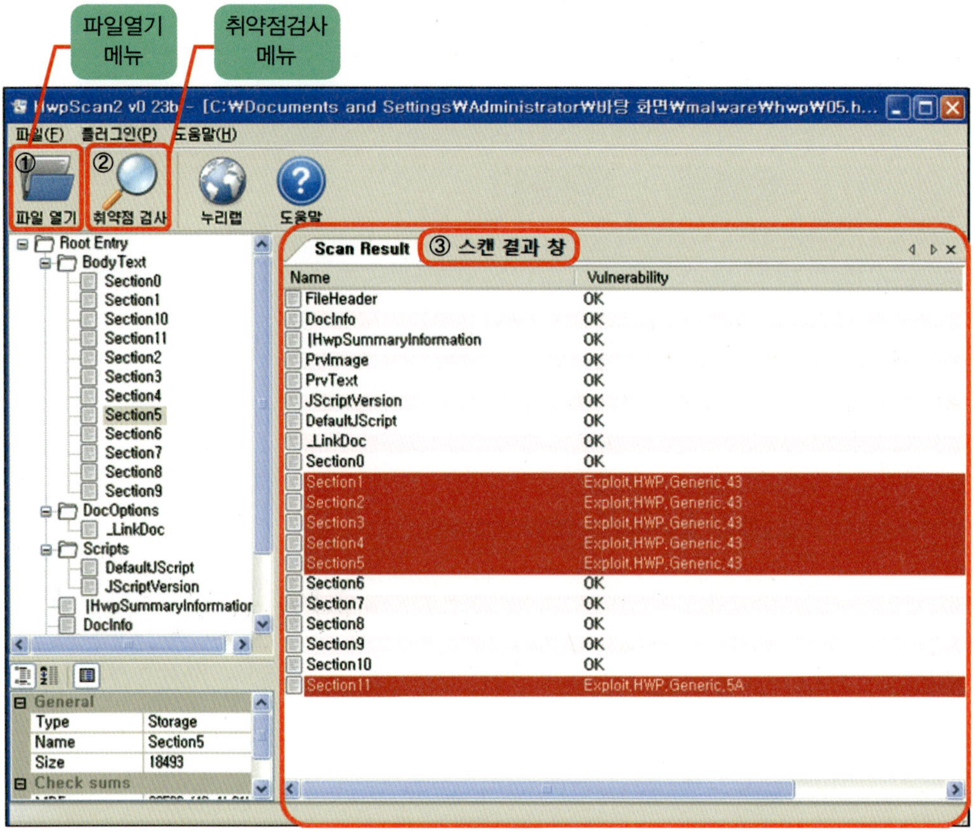

➡ ①: 툴바 메뉴의 "파일 열기"를 클릭하여 취약점 분석을 원하는 한글 파일 열기 메뉴이다.

➡ ②: 취약점 검사를 위해 "취약점 검사" 버튼을 클릭한다.

➡ ③: 스캔한 결과를 보여주는 창으로 취약점이 없으면 OK로 취약점이 발견되었을 경우 빨간색으로 그림과 같이 표시된다.

플러그인 기능

사용자가 HWPScan2의 점검 기능을 확장할 수 있도록 하는 메뉴이다.

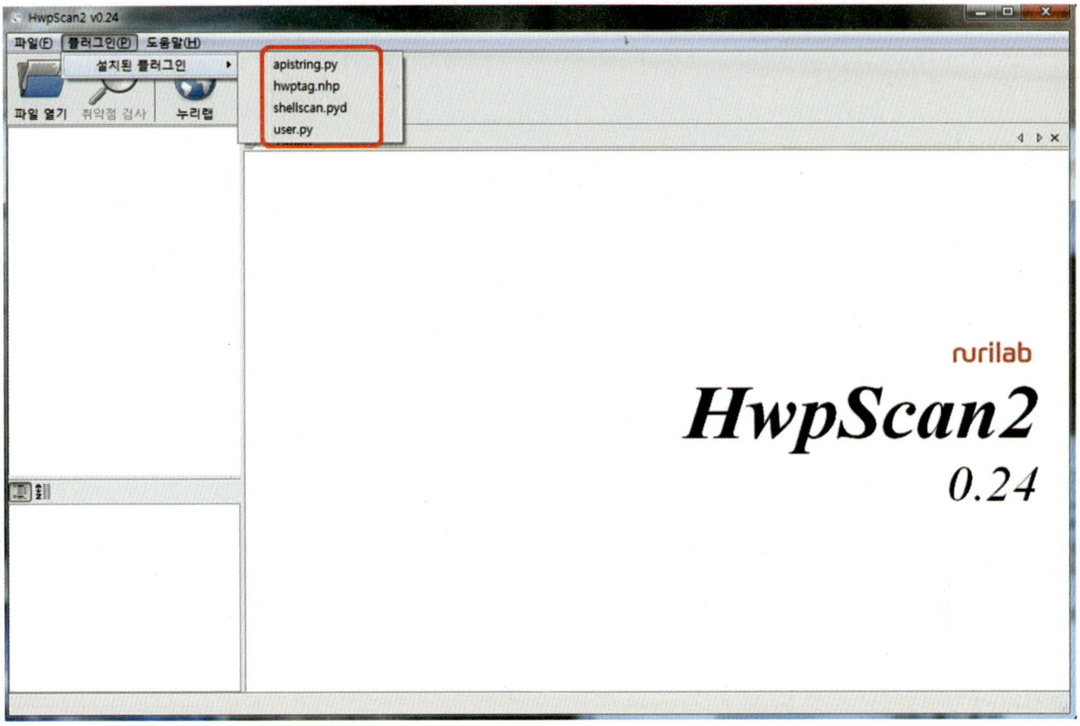

➡ HWPScan2 프로그램을 설치하면 기본적으로 4개의 플러그인이 설치되어 있다.

- apistring.py: 쉘코드에서 사용하는 API(Application Programming Interface) 점검 플러그인이다.
- hwptag.nhp: nurilab에서 배포하는 플러그인으로 한글 tag를 추적하는 플러그인이다.
- shellcode.pyd: 쉘코드 존재 유무 점검 플러그인이다.

식별팁

HWPSCan2는 리버스 엔지니어링에 대한 지식 없이도 한글파일의 취약점 존재 여부를 확인할 수 있다.

제2절

PDFDot

2.1 소개

PDFDot이란?

PDF 문서의 분석 및 시각화하는 CLI(Command Line Interface)기반의 프로그램이다.

특징

리버스 엔지니어링(Reverse Engineering)에 대한 깊은 지식 없이 PDF 문서의 구조를 파악하거나 코드를 추출할 수 있는 프로그램이다.

PDF 파일을 분석하여 내부에 스트림 형태의 코드가 존재하는 경우 해당 코드를 추출할 수 있다.

주요기능 소개

PDF 파일의 구조를 분석하고 파일 내에 악성코드 추출 기능을 제공한다.

다운로드

https://dl.dropboxusercontent.com/u/5806441/nurilab/pdfdot_v0.24c.zip

메인화면

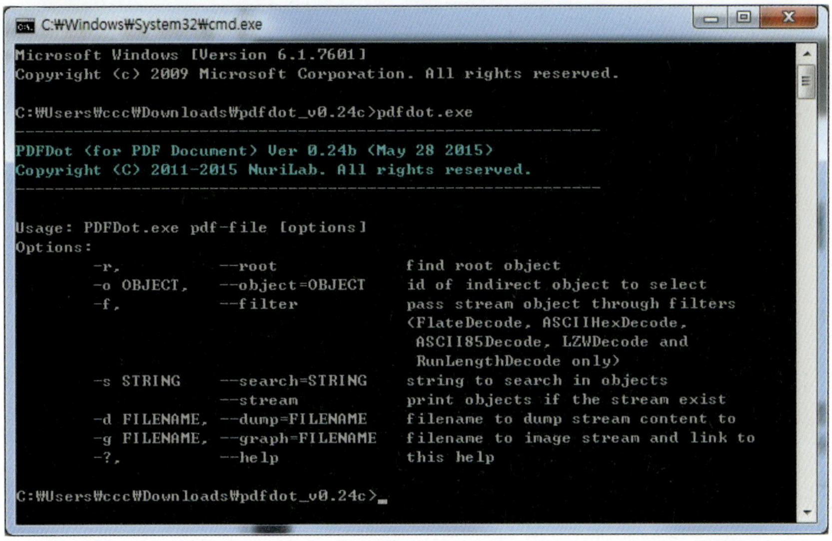

2.2 기능

PDF 파일 내부 코드 확인 기능

PDF 파일 내에 악성 코드 등을 확인할 수 있는 기능을 제공한다.

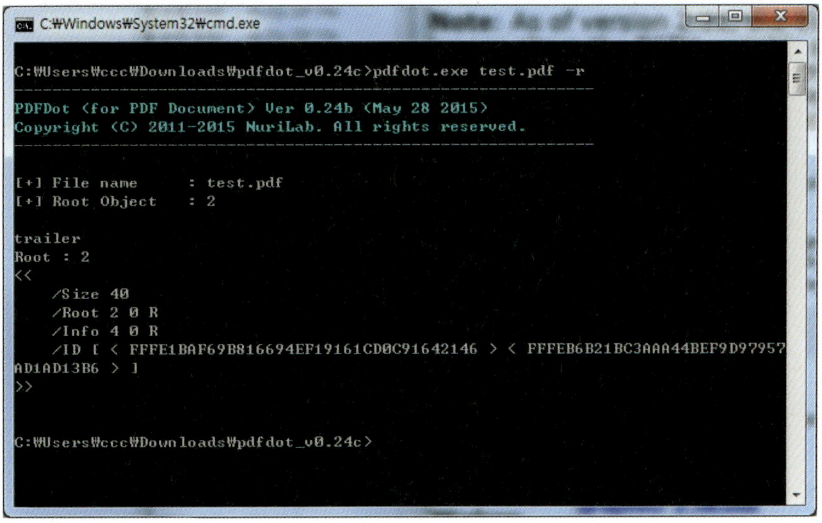

➡ "-r" 옵션으로 루트 오브젝트 확인할 수 있다.

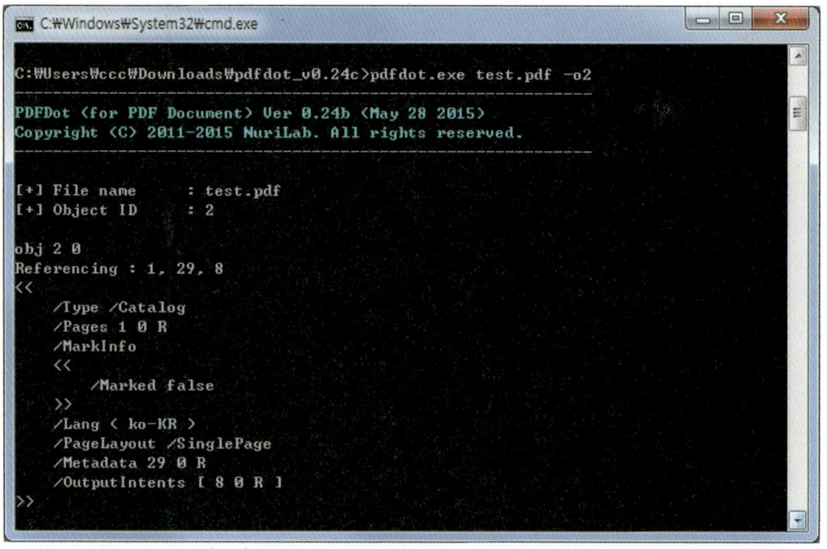

➡ "-o" 옵션을 이용하여 오브젝트를 지정하고 Referencing되는 ID를 계속해서 "-o" 옵션을 이용하여 지정한다.

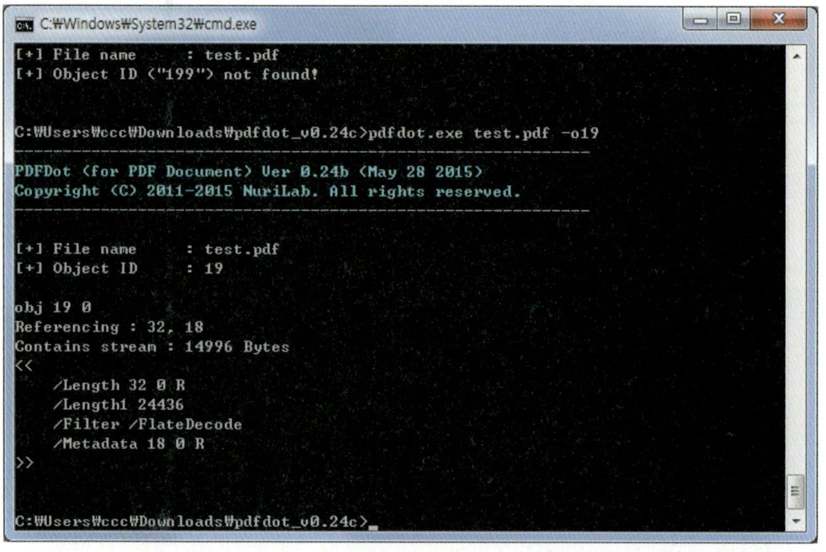

➡ "Contains stream" 필드에 14996 바이트의 스트림이 존재하고 "/Filter /FlateDecode"는 압축된 상태로 정정됨을 의미한다.

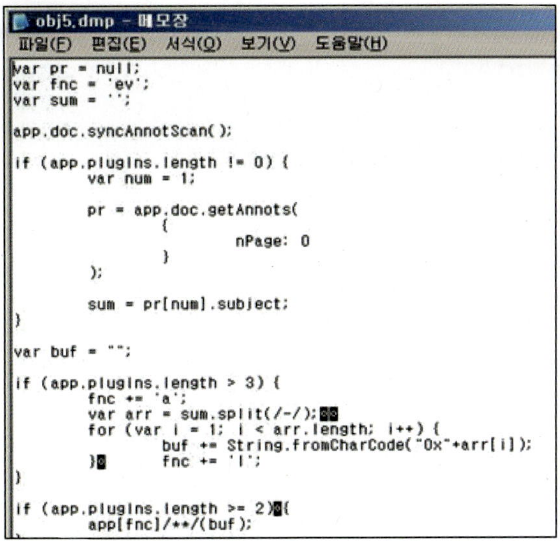

obj5.dmp - 메모장

파일(F) 편집(E) 서식(O) 보기(V) 도움말(H)

```
var pr = null;
var fnc = 'ev';
var sum = '';

app.doc.syncAnnotScan();

if (app.plugins.length != 0) {
        var num = 1;

        pr = app.doc.getAnnots(
                {
                        nPage: 0
                }
        );

        sum = pr[num].subject;
}

var buf = "";

if (app.plugins.length > 3) {
        fnc += 'a';
        var arr = sum.split(/-/);
        for (var i = 1; i < arr.length; i++) {
                buf += String.fromCharCode("0x"+arr[i]);
        }       fnc += 'l';
}

if (app.plugins.length >= 2){
        app[fnc]/**/(buf);
```

➡ "-o" 옵션을 주어 압축된 상태의 스트림의 내용을 위와 같이 추출 가능하다.(PDFDot.exe test.pdf-o5 -d obj5.dmp -f)

식별팁

PDFDot.exe 도구는 리버스 엔지니어링 지식 없이 PDF 파일의 분석이 가능하나 기능이 매우 제한적이고 프로그램 실행 시 에러가 많아 PDF 파일 분석 시에는 전문가의 도움을 받을 것을 추천한다.

제3절 OfficeMalScanner

3.1 소개

OfficeMalScanner이란?

오피스(엑셀, 워드, 파워포인트) 파일 내에 악성 코드를 점검하는 CLI(Command Line Interface) 기반의 프로그램이다.

특징

리버스 엔지니어링(Reverse Engineering)에 대한 깊은 지식 없이 오피스 파일의 문서 내에 악성 코드 존재 여부를 점검하는 프로그램이다.

주요기능 소개

오피스 파일 내에 쉘코드, PE(Portable Executable) 파일, 임베디드된 OLE(Object Linking and Embedding) 스트림 등의 스캐닝, 덤프, 디스 어셈블하는 기능을 제공한다.

다운로드

http://www.reconstructer.org/code.html

메인화면

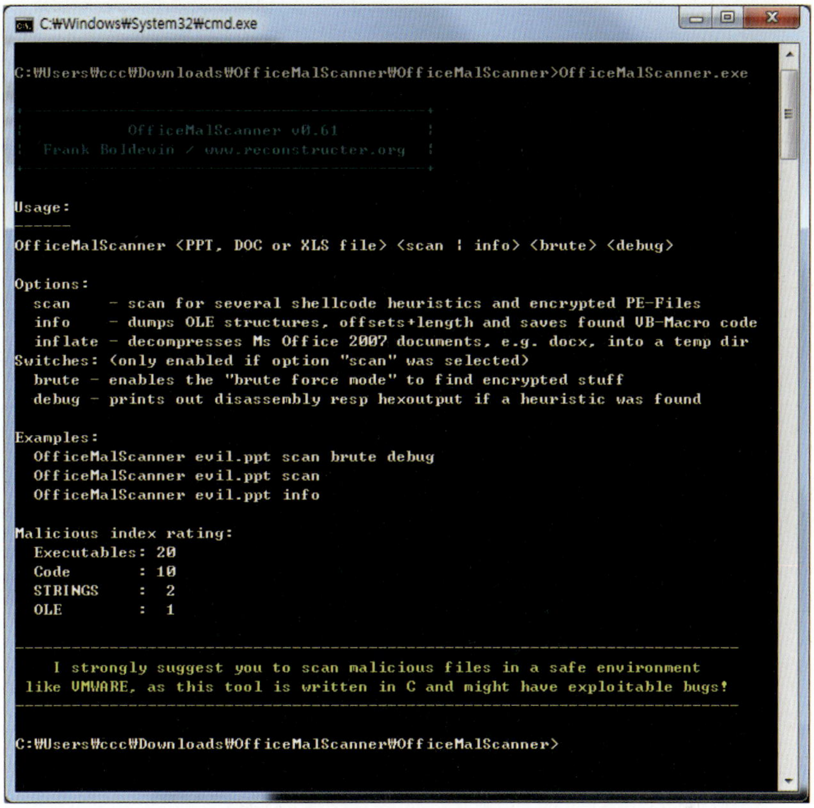

➡ 본 프로그램을 옵션 없이 실행시켰을 때의 화면이다.

3.2 기능

오피스 파일 내부 코드 확인 기능

오피스(워드, 엑셀, 파워포인트) 파일 내에 악성코드의 존재여부를 확인할 수 있는 기능을 제공한다.

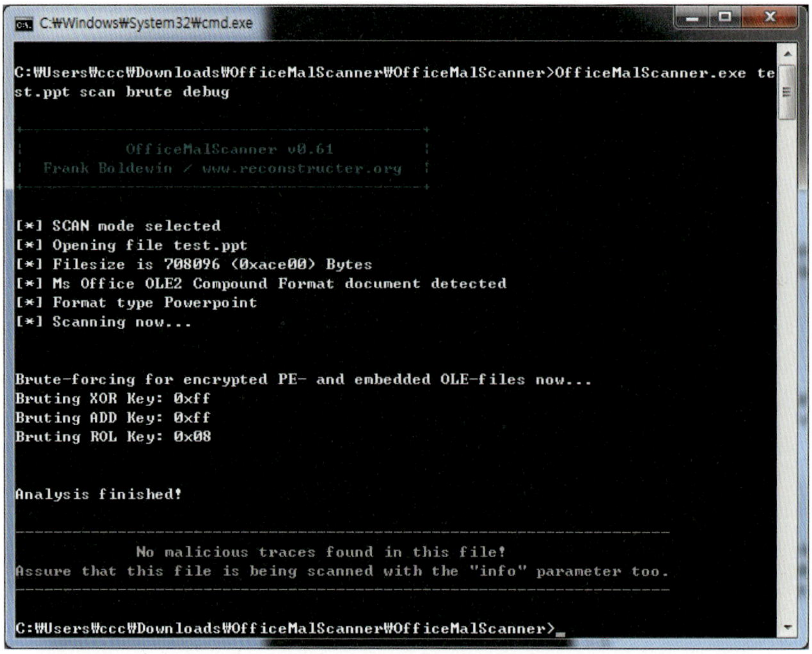

➡ 그림에서 보는 바와 같이 점검을 원하는 파일에 옵션을 주어 점검이 가능하다.

옵션 설명

➡ scan: 쉘코드, 암호화된 PE 파일 스캔

➡ info: OLE 구조와 오프셋+길이 덤프, VBA(Visual Basic for Application) 매크로 코드 저장

➡ inflate: MS Office 2007 문서를 임시 폴더에 압축 풀기

➡ brute: 암호화된 요소 찾기

➡ debug: HEX 디스어셈블리로 출력

식별팁

OfficeMalScanner.exe 도구 또한 리버스 엔지니어링 지식 없이 오피스 파일(ppt, doc, xls) 파일의 분석이 가능하나 기능이 매우 제한적이기 때문에 파일 분석 시에는 전문가의 도움을 받을 것을 추천한다.

제4절 Autoruns

4.1 소개

Autoruns란?

자동실행과 관련된 레지스트리 정보를 보여주는 GUI 기반의 프로그램이다.

특징

악성코드가 사용하는 레지스트리에 대한 지식 없이도 본 프로그램을 통해 확인 가능하다.

주요기능 소개

자동실행으로 등록된 프로그램 명/프로그램 설명/배포자/이미지 패스 등의 정보를 제공한다.

autoruns에서 보여주는 프로그램의 서명값 검증 및 virustotal 점검 기능을 제공한다.

다운로드

http://technet.microsoft.com/ko-kr/sysinternals/bb963902

메인화면

다음은 주요 메뉴 설명이다.

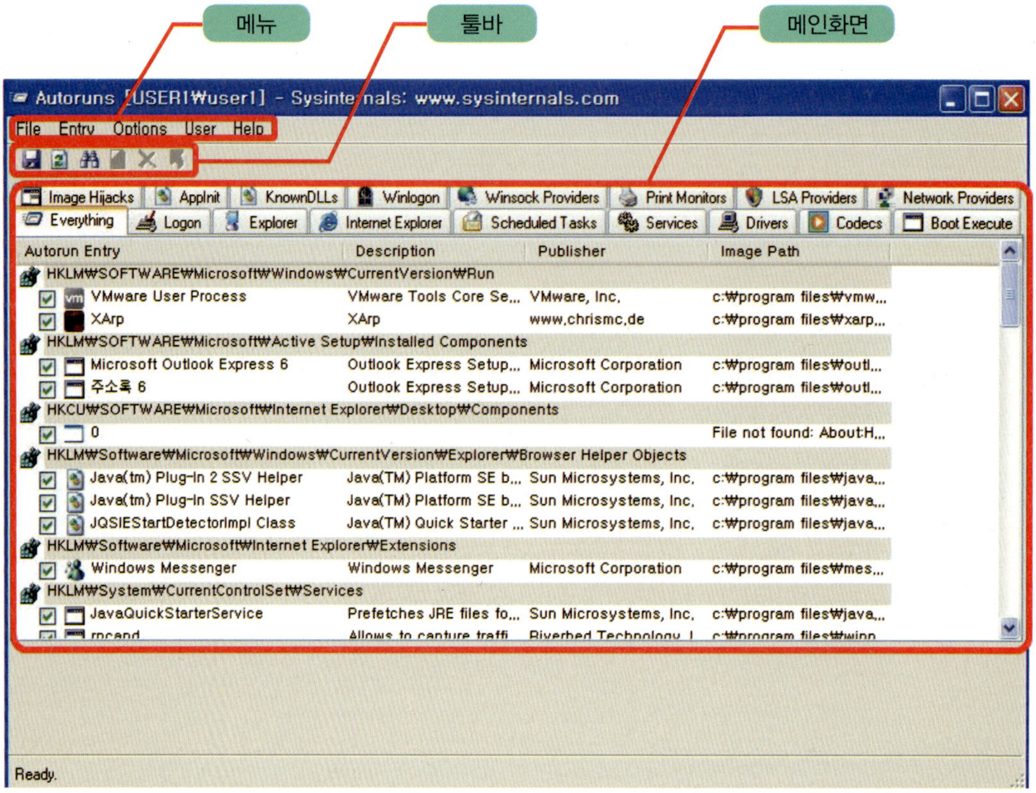

➡ 메뉴: 파일저장 등 autoruns에서 제공하는 모든 기능을 사용할 수 있는 메뉴이다.

➡ 툴바: 자주 쓰는 기능(저장하기, 새로고침, 찾기 등)을 모아놓은 메뉴이다.

➡ 메인화면: autoruns가 수집하는 자동실행, 서비스, DLL 정보 등의 레지스트리 수집 내용을 카테고리 별로 볼 수 있는 화면이다.

4.2 기능

Save(저장하기)

실행 후 메인화면에 보이는 내용을 저장하는 메뉴이다.

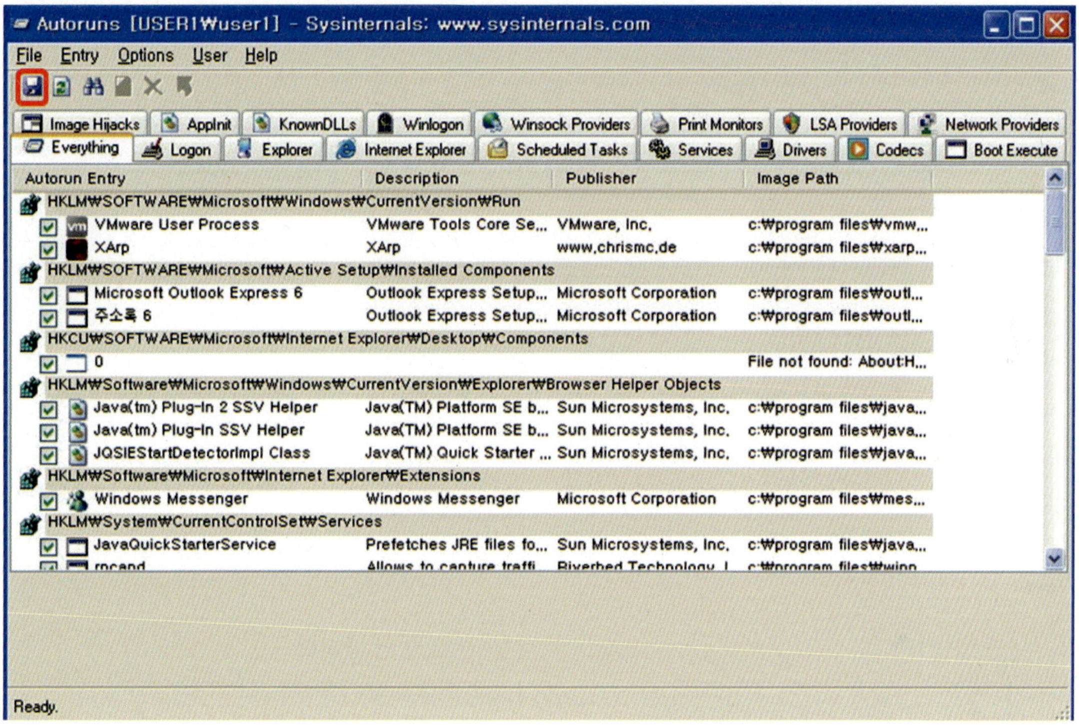

➡ 빨간색으로 표시된 툴바의 Save 메뉴를 클릭하여 .arn 파일로 저장할 수 있다.

Find(찾기)

실행 후 메인화면에 보이는 내용에 대한 문자열 검색 기능이다.

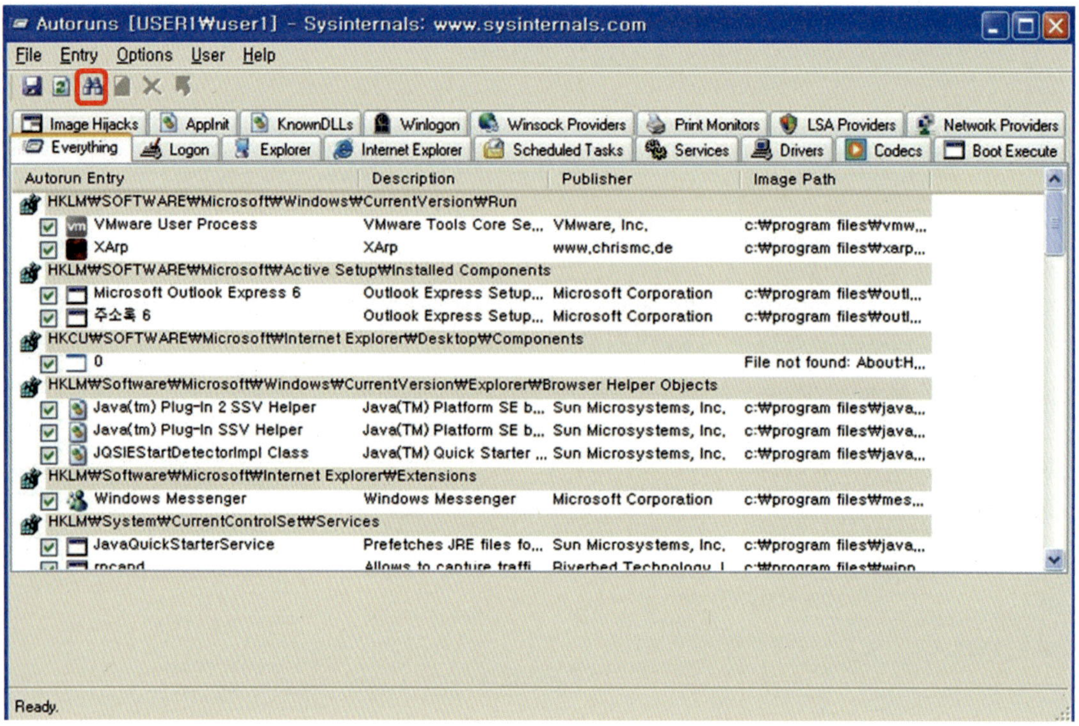

➡ 실행 파일명이나 "temp"와 같은 디렉토리명으로 검색이 가능하다.

식별팁

악성코드가 자주 사용하는 "temp" 등의 디렉토리명으로 검색하여 식별할 수 있다.

Scan Options

서명값 검증 및 virustotal 일괄 점검 기능이다.

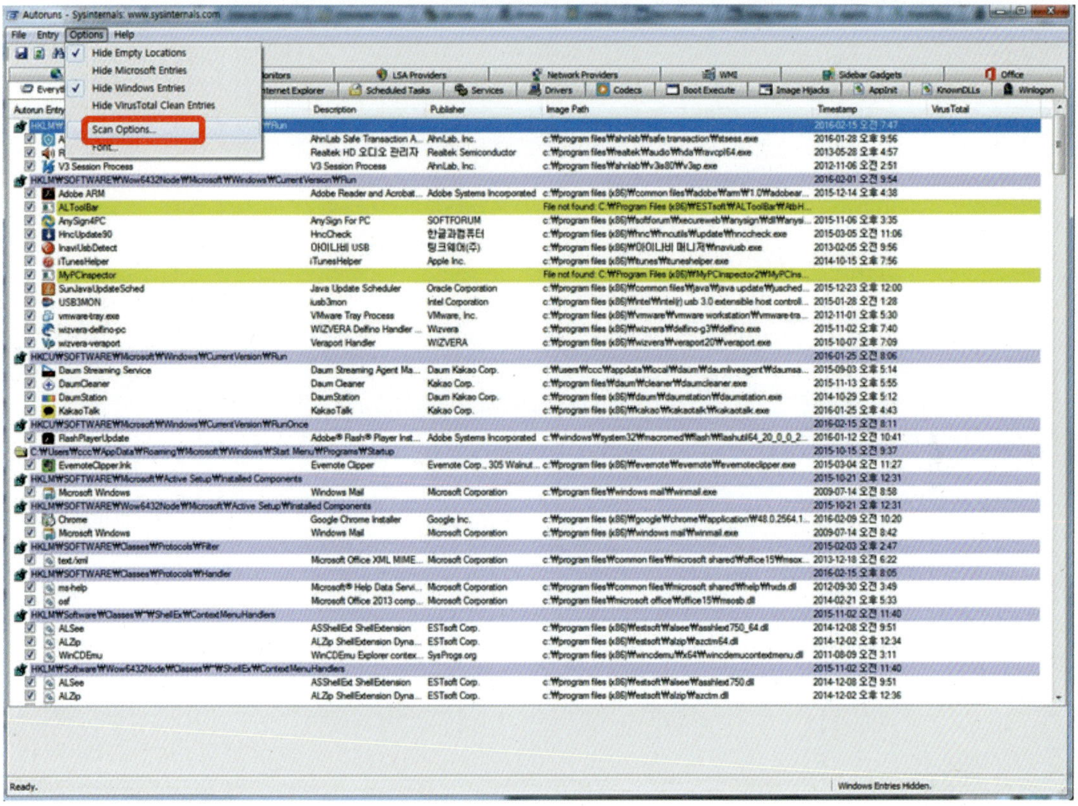

➡ "Options" → "Scan Options"을 클릭한다.

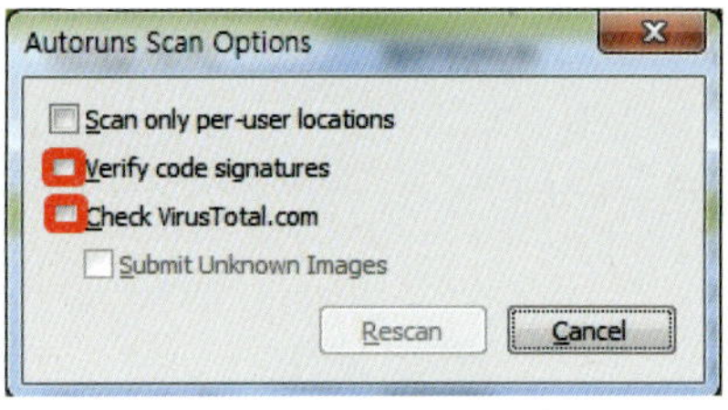

➡ "Verify code signatures"와 "Check VirusTotal.com" 체크한 후 "Rescan" 클릭한다.

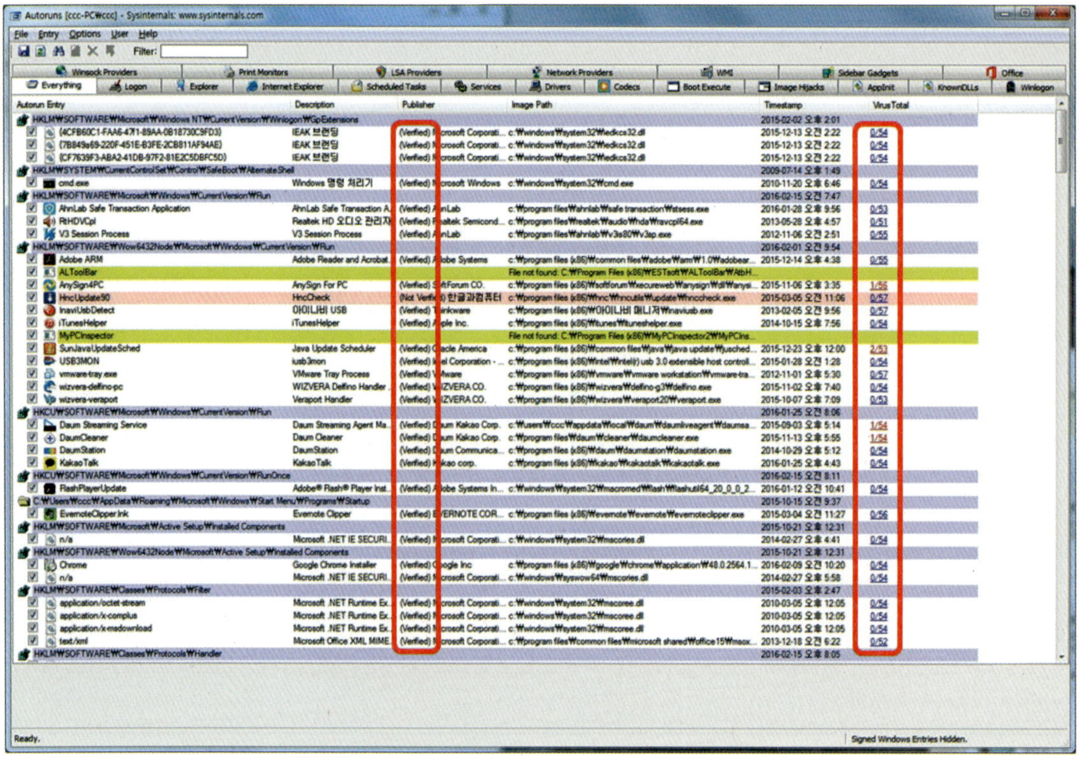

➡ Publisher 컬럼과 Virus Total 컬럼 값을 확인하여 악성코드를 식별한다.

식별팁

메뉴 → Scan Options → Verify code signature, virustotal 체크 → rescan 클릭하여 "Not verify"나 Virus Total 컬럼에 빨간색으로 표시되면 악성코드로 의심해 볼 수 있다.

실습

1. 주어진 autoruns 파일(AutoRuns.arn)에 대해서 분석하시오.

   ➡ 윈도우즈 운영체제에 로그온시 실행되는 프로세스명은 무엇인지 모두 답하시오.(XXX.exe 형식으로)

제5절 HxD

5.1 소개

HxD이란?

일반문서 편집도구에서 편집할 수 있는 바이너리의 헥사 코드를 보여주거나 수정할 수 있는 프로그램이다.

특징

바이너리를 헥사 코드로 보여주고 편집도 가능하다. 또한 문자열로도 보여주는 기능도 있어 악성코드 식별 및 분석에 활용할 수 있다.

주요기능 소개

헥사코드 보기, 텍스트 보기, 체크섬 및 해시 체크, 파일비교 등의 기능이 있다.

다운로드

http://hxd.en.softonic.com/download

메인화면

다음은 주요 메뉴 설명이다.

➡ 메뉴: 파일열기, 편집, 체크섬, 파일 비교 등 HxD의 모든 기능을 제공하는 메뉴이다.

➡ 툴바: 파일 및 메모리 비교 등 자주 사용하는 기능을 모아놓은 메뉴이다.

➡ 메인화면: 바이너리를 헥사코드 및 문자열로 보여주는 화면이다.

5.2 기능

바이너리 파일 내 문자열 보기 기능

바이너리 파일을 열어 문자열로 보여주는 기능을 제공한다.

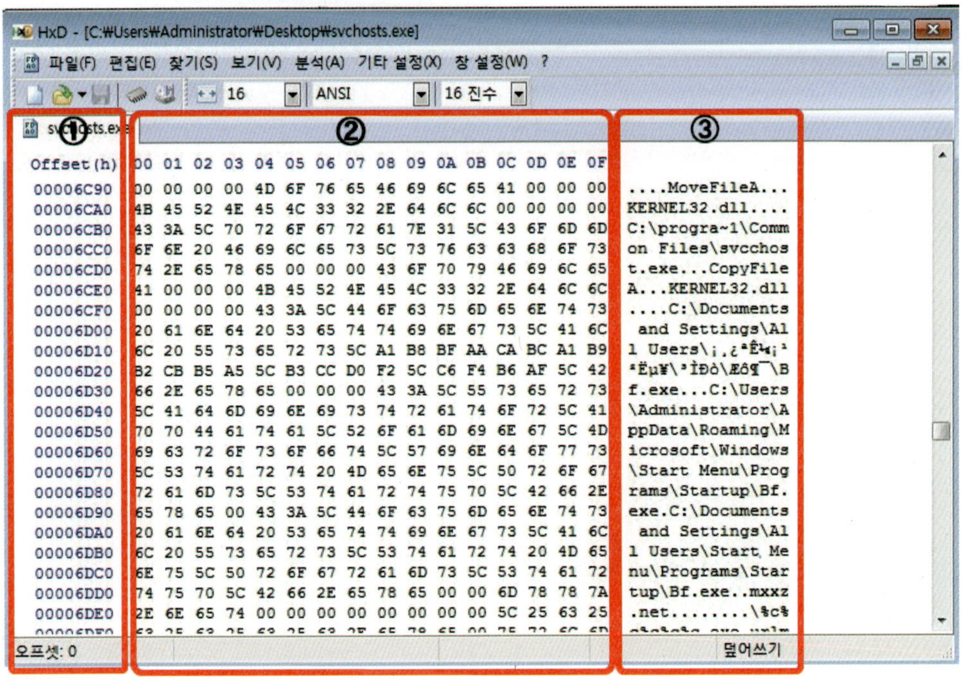

➡ ①번 창: 파일 오프셋 정보이다.

➡ ②번 창: 바이너리를 헥사 코드로 보여주는 화면이다.

➡ ③번 창: 바이너리 내부의 문자열로 보여주는 화면이다.

식별팁

리버스 엔지니어링에 대한 지식이 없이도 HxD의 문자열 정보(③번창)를 통해 악성코드임을 추측할 수 있다. 악성코드는 주로 다른 IP나 URL이 표시되거나 특성 디렉터리로 파일을 복사 및 이동 등의 내용을 볼 수 있다.

제6절 BinText

6.1 소개

BinText란?

바이너리 내의 문자열을 보여주는 GUI 기반의 프로그램이다.

특징

HxD와 유사한 기능을 제공하지만 수정이 불가능하다.

주요기능 소개

바이너리 내에 문자열 보기, 특정 문자 필터링 기능이 있다.

다운로드

http://www.mcafee.com/sg/downloads/free-tools/bintext.aspx

메인화면

다음은 주요 메뉴 설명이다.

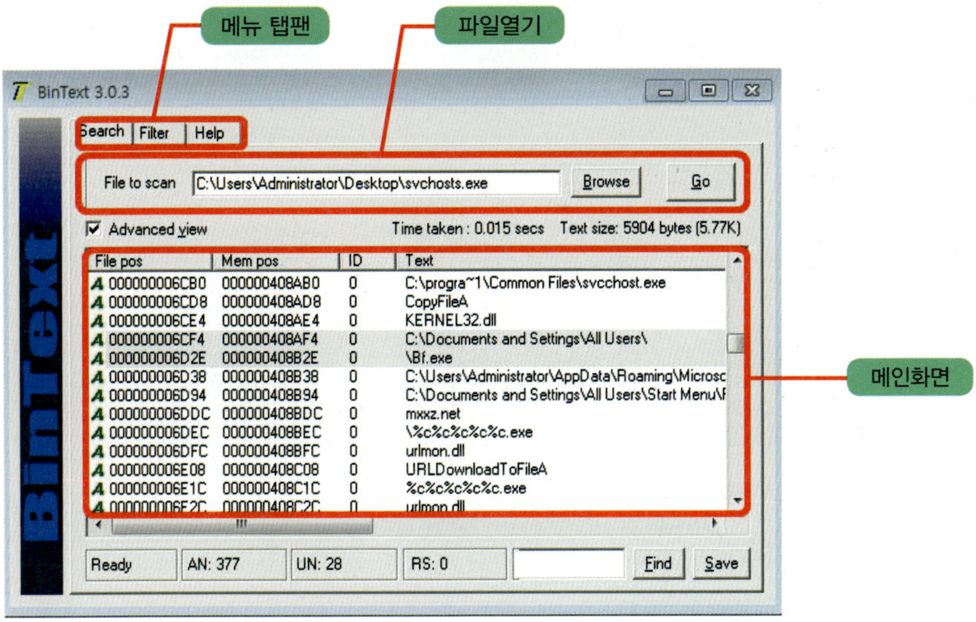

➡ 메뉴 탭팬: 스트링 검색, 필터링 규칙, 도움말 메뉴 기능을 제공한다.

➡ 파일열기: 바이너리 파일 열기 메뉴이다.

➡ 메인화면: 해당 바이너리 내에 문자열 보기 화면이다.

6.2 기능

바이너리 파일 내 문자열 보기 기능

바이너리 내에 문자열을 볼 수 있다.

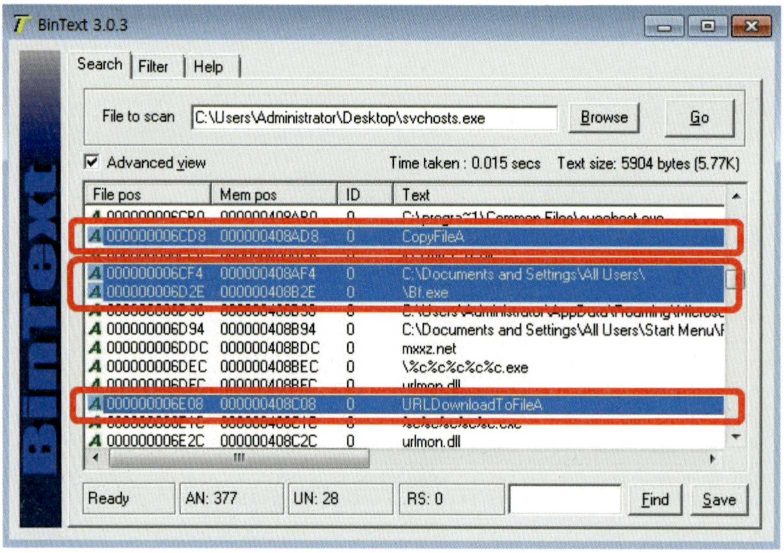

➡ "Browser" 버튼 클릭 → "Go" 버튼 클릭 하면 메인화면에 바이너리 내부에 문자열 보인다.

➡ 검색 기능을 통해 문자열 검색도 가능하다.

➡ 위 화면은 악성코드로 의심되는 실행파일을 Browser로 읽은 화면이다.

제7절 Strings

7.1 소개

Strings란?

바이너리 내부에 문자열을 보여주는 CLI(Command Line Interface)기반의 프로그램이다.

특징

BinText와 유사한 기능을 제공한다.

주요기능 소개

바이너리에서 문자열 보기 기능을 제공한다.

다운로드

http://technet.microsoft.com/ko-kr/sysinternals/bb897439

7.2 기능

바이너리 파일 내 문자열 보기 기능

바이너리 내에 문자열을 볼 수 있다.

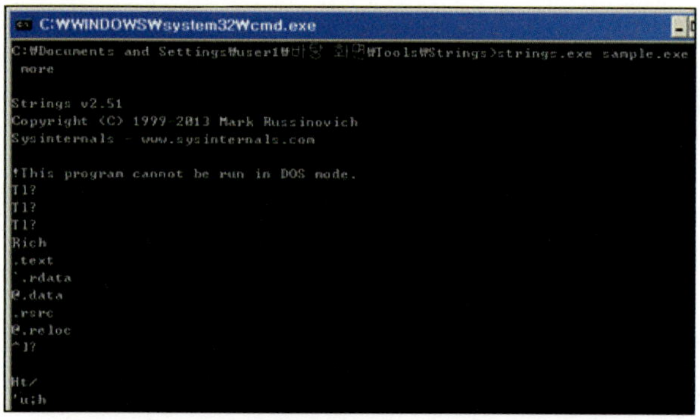

➡ strings.exe 프로그램으로 sample.exe를 실행한 화면이다.

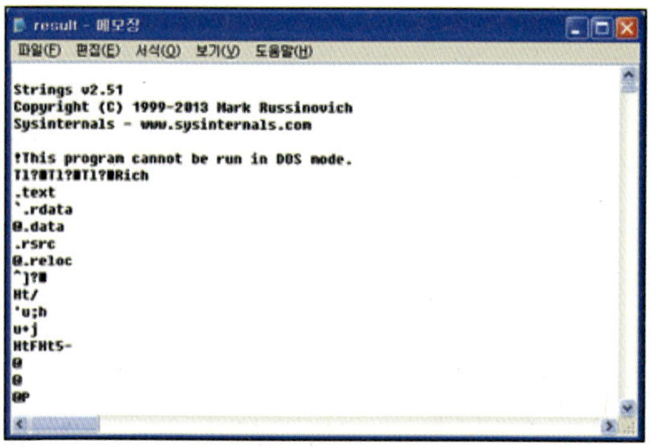

➡ "strings.exe sample.exe > result.txt" 명령어로 바이너리 내에 문자열을 파일로 만들 수 있다.

제8절 MBR 복구 도구

8.1 소개

bootrec 이란?

MBR(Master Boot Record) 복구 기능을 제공하는 윈도우즈 운영체제에서 제공하는 프로그램이다.

MBR을 파괴하는 악성코드에 감염되었을 경우 증거를 확보를 위해 필요한 프로그램이다.

8.2 복구방법

윈도우즈 운영체제를 CD로 부팅

윈도우즈 운영체제 CD를 넣고 부팅한다.

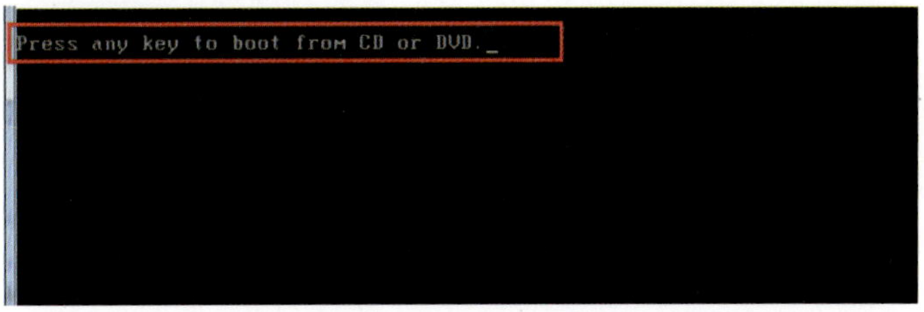

설치화면 출력

계속해서 설치를 진행하면 아래와 같이 설치화면이 보인다.

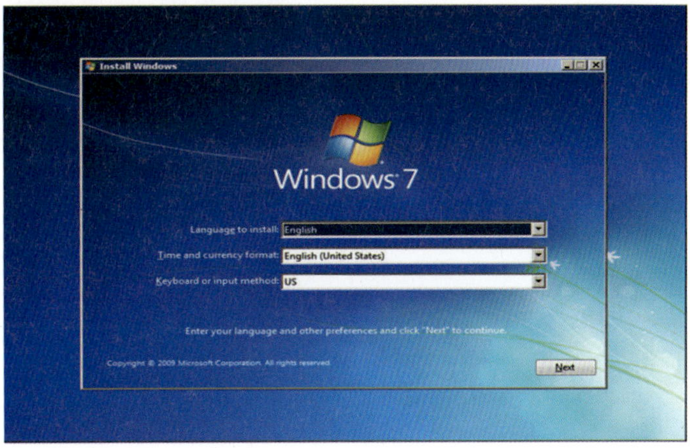

Shift + F10을 눌러 명령프롬프트 창을 띄운다.

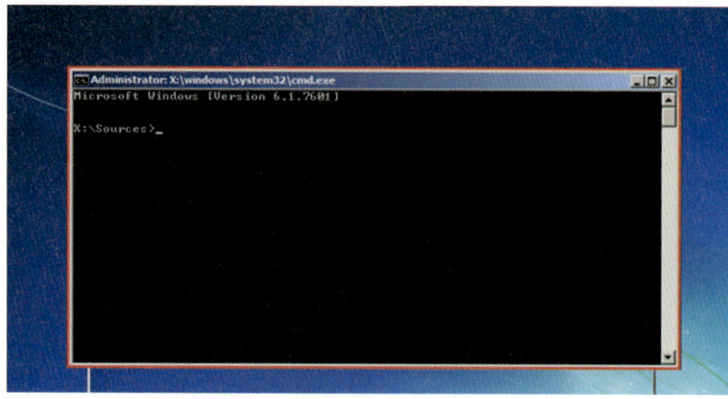

bootrec 명령어 실행

아래 그림과 같이 bootrec 명령어를 차례대로 실행한다.

➡ ①X:\>bootrec /fixmbr

➡ ②X:\>bootrec /fixboot

➡ ③exit

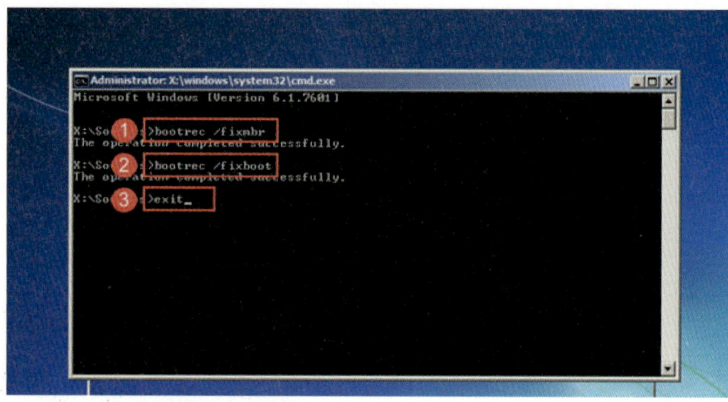

시스템 재부팅

시스템을 재부팅하여 정상적으로 부팅되는 것을 확인한다.

➡ ① Windows 설치 창의 닫기(x) 버튼 클릭한다.

➡ ② "Windows 설치를 취소하시겠습니까?"라는 메시지가 나타나면 예(Y)를 눌러 종료한다.

➡ 잠시 후 재부팅을 시작하며 정상적으로 재부팅되는 것을 확인한다.

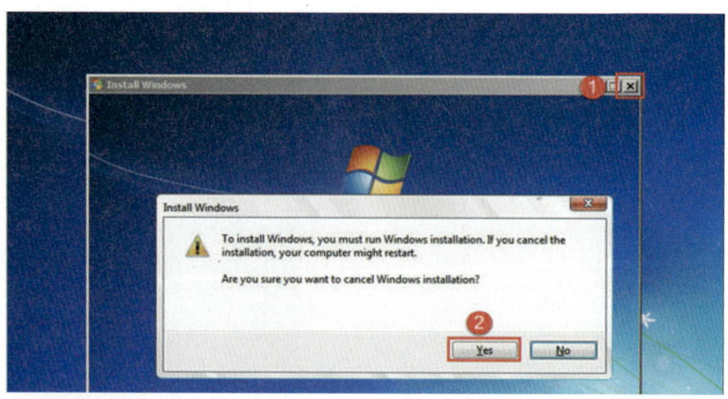

식별팁

감염으로 의심되는 시스템은 악성코드에 대한 모든 증거가 존재하기 때문에 MBR을 훼손하는 악성코드의 경우 반드시 위와 같은 방법으로 MBR을 복구하여 악성코드를 식별 및 분석해야한다. 운영체제를 다시 설치하면 증거가 삭제되므로 절대 금물!

내 PC를 지켜줘

6

분석자동화 도구

제1절 Cuckoo

1.1 소개

Cuckoo란?

샌드박스 환경에서 악성코드를 자동으로 분석하는 시스템이다.

특징

이 프로그램은 악성코드 분석에 깊은 지식이 없어도 사용 가능하며 앞서 도구들을 통해 악성코드 식별이 어려웠다면 Cuckoo를 사용해서 쉽고 깊게 분석이 가능하다.

주요기능 소개

정적분석, 실행 스크린샷, 행위 분석, 메모리 분석 등의 기능을 제공한다.

다운로드

https://github.com/cuckoosandbox/cuckoo

설치 및 실행 매뉴얼

http://docs.cuckoosandbox.org

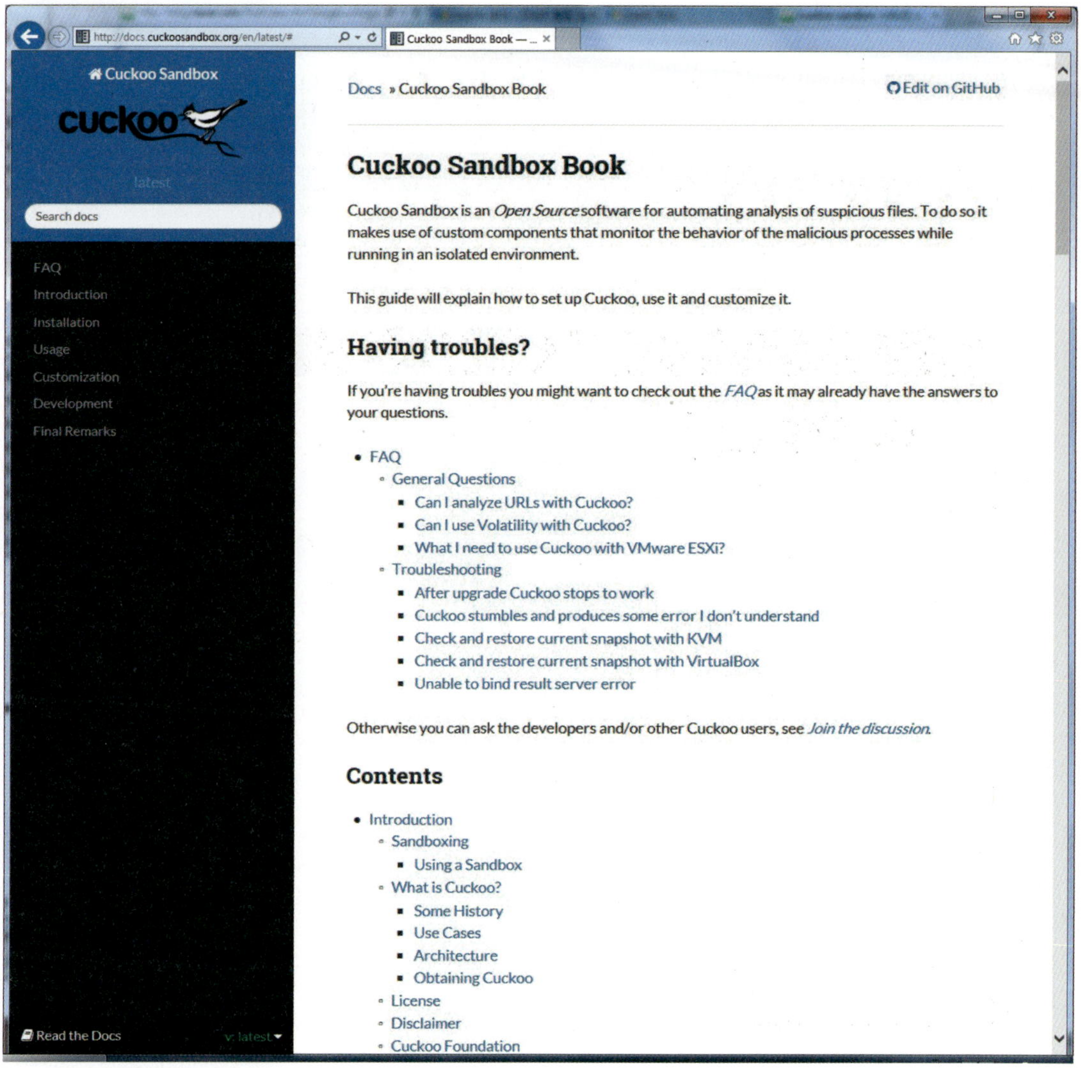

➡ FAQ, 설치방법, 도구 사용법, 모듈별 커스터마이징 방법, 추가 모듈 개발 방법 등의 문서를 제공한다.

➡ 본 문서에서는 악성코드를 분석하기 위한 cuckoo의 기능만 소개하므로 이 외의 내용은 위의 홈페이지를 참고하시기 바랍니다.

메인화면

다음은 주요 메뉴 설명이다.

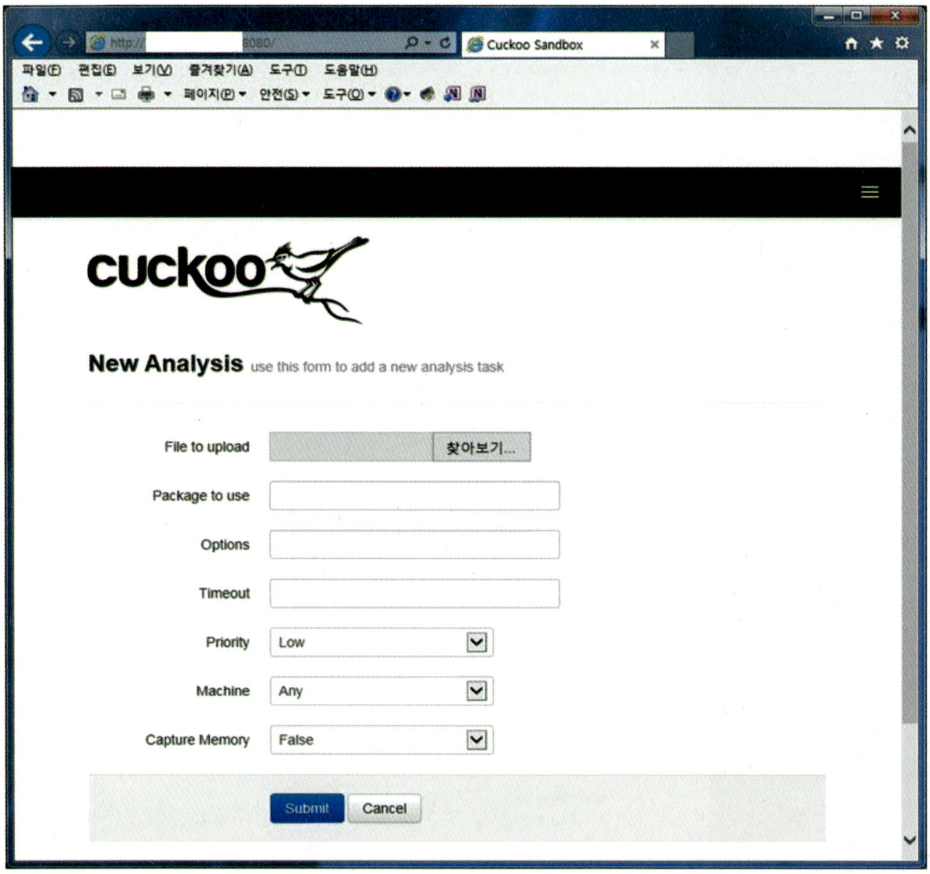

➡ File to upload: 분석하기 위한 악성코드 업로드 기능

➡ Package to use: 분석을 위한 패키지 선택 기능으로 패키지 종류는 applet, bin, dll, doc, exe, html. ie. jar, pdf. xls, zip 등이 있다.

➡ Options: Package에 따라 알맞은 옵션을 설정할 수 있는데 각 패키지 별로 다양한 옵션이 존재한다. (매뉴얼 참조)

➡ Timeout: 최소 분석 시간을 설정

➡ Priority: 파일의 분석 할당 우선순위 설정

➡ Machine: 분석할 sandbox 선택

➡ Capture Memory: 메모리 캡처 사용 유무

1.2 사용법

빠른 실행 방법

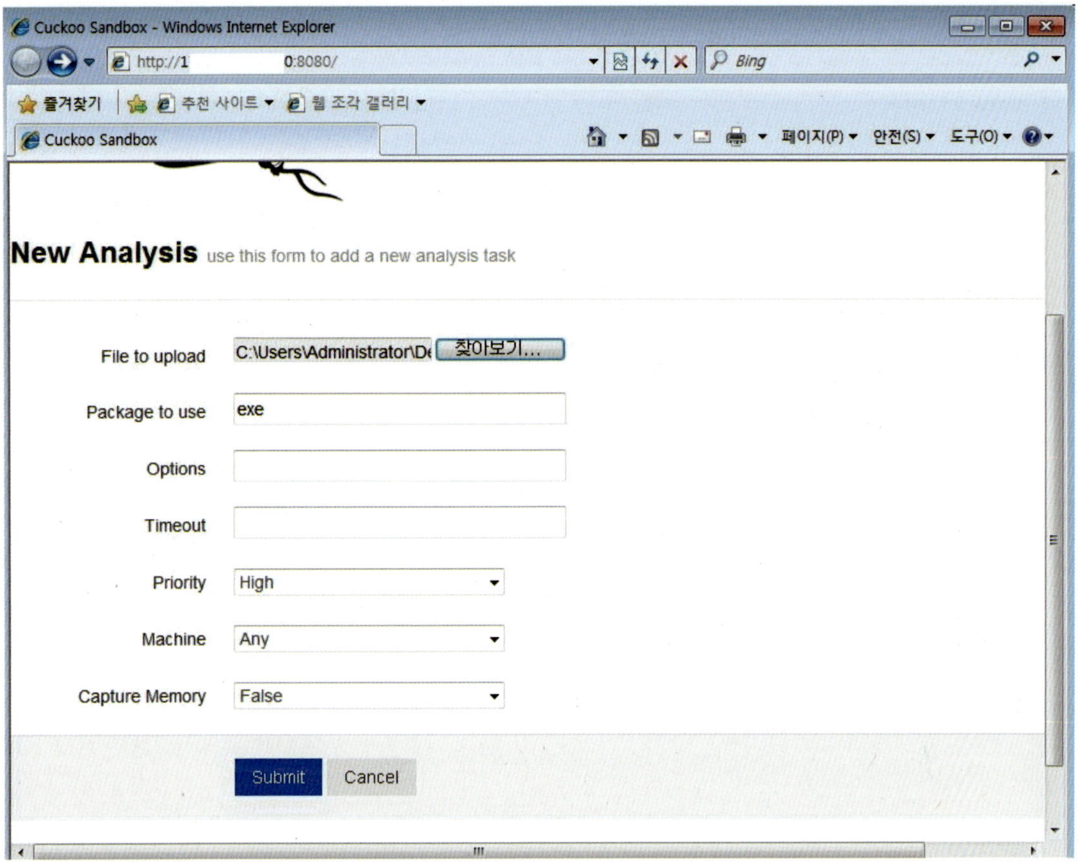

➡ Cuckoo 서버에 웹으로 접속한다.

➡ 의심되는 악성코드를 로컬에서 찾는다.

➡ package to use에 "exe" 입력한다.

➡ priority에 "High" 선택한다.

➡ Machine에 "Any" 선택한다.

➡ Capture Memory에 " False" 선택한다.

➡ Submit 버튼 클릭한다.

분석

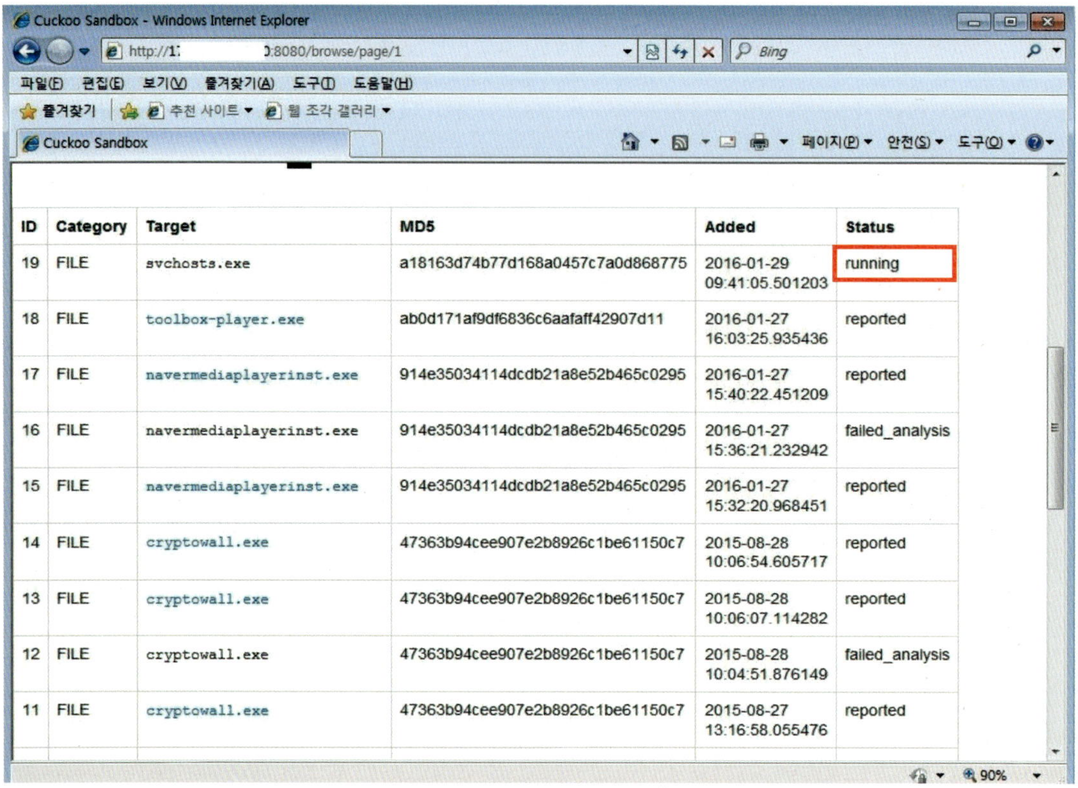

ID	Category	Target	MD5	Added	Status
19	FILE	svchosts.exe	a18163d74b77d168a0457c7a0d868775	2016-01-29 09:41:05.501203	running
18	FILE	toolbox-player.exe	ab0d171af9df6836c6aafaff42907d11	2016-01-27 16:03:25.935436	reported
17	FILE	navermediaplayerinst.exe	914e35034114dcdb21a8e52b465c0295	2016-01-27 15:40:22.451209	reported
16	FILE	navermediaplayerinst.exe	914e35034114dcdb21a8e52b465c0295	2016-01-27 15:36:21.232942	failed_analysis
15	FILE	navermediaplayerinst.exe	914e35034114dcdb21a8e52b465c0295	2016-01-27 15:32:20.968451	reported
14	FILE	cryptowall.exe	47363b94cee907e2b8926c1be61150c7	2015-08-28 10:06:54.605717	reported
13	FILE	cryptowall.exe	47363b94cee907e2b8926c1be61150c7	2015-08-28 10:06:07.114282	reported
12	FILE	cryptowall.exe	47363b94cee907e2b8926c1be61150c7	2015-08-28 10:04:51.876149	failed_analysis
11	FILE	cryptowall.exe	47363b94cee907e2b8926c1be61150c7	2015-08-27 13:16:58.055476	reported

➡ 분석 중인 상태면 Status에 "running" 상태가 된다.

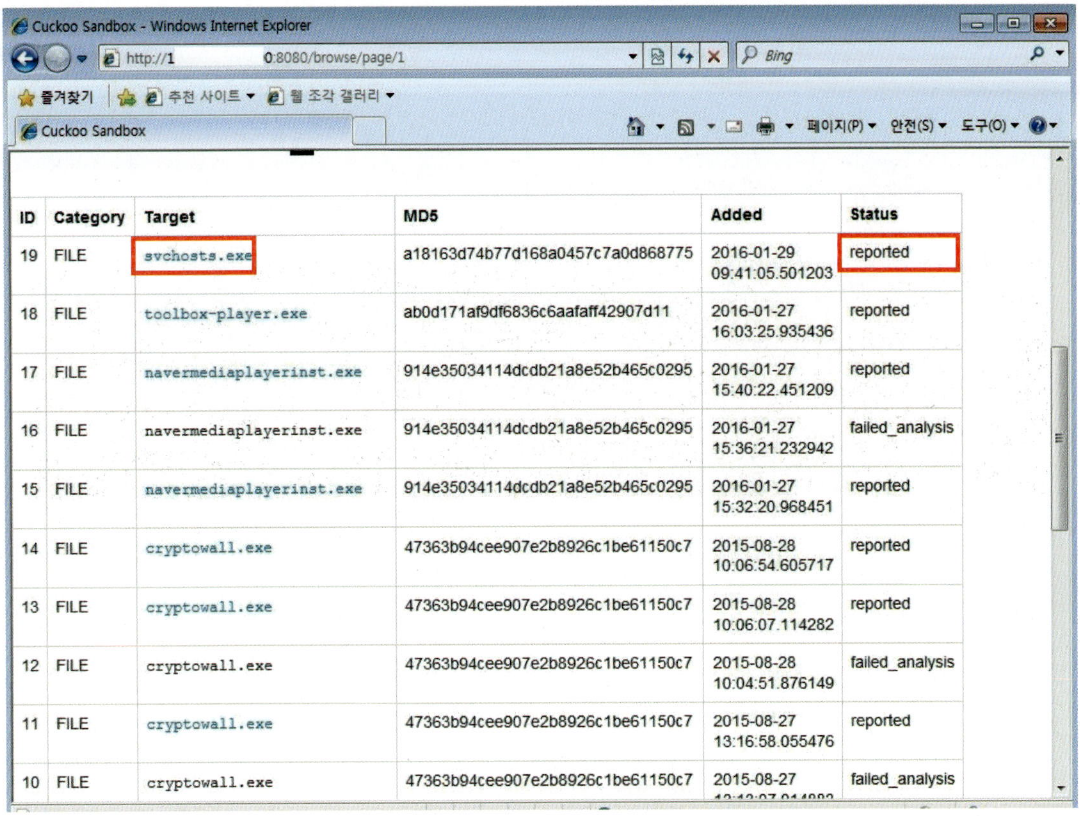

➡ 분석이 완료되면 Status가 "reported" 상태가 되며 Target에 링크가 생기고 링크를 클릭하면 분석된 결과가 보인다.

분석 결과

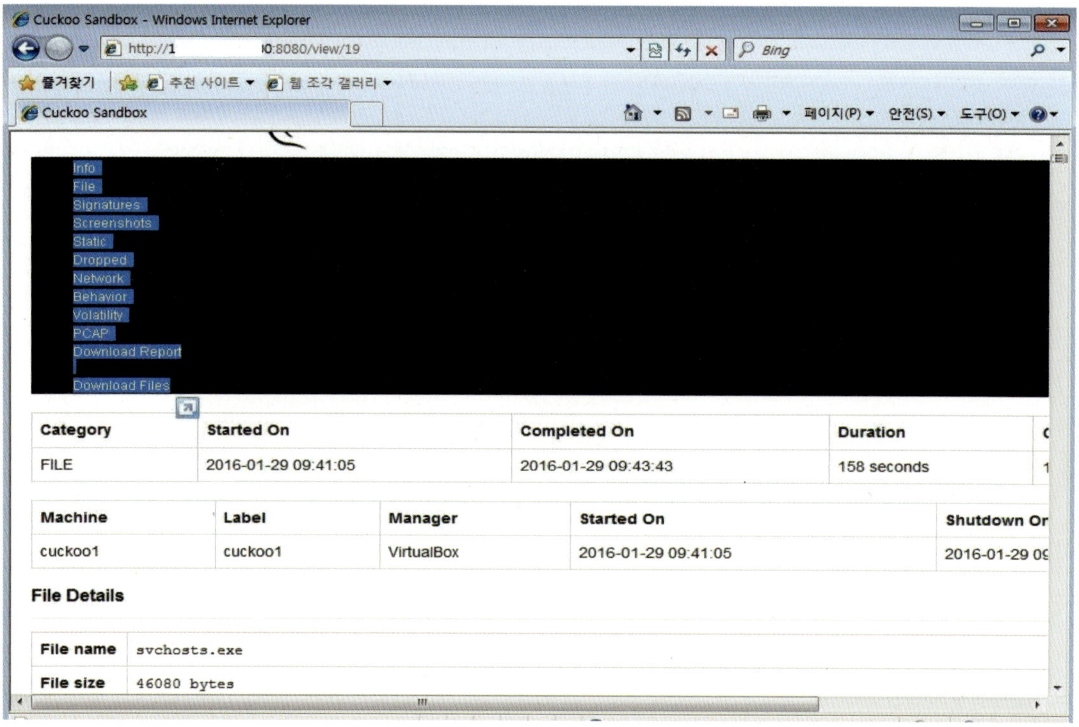

분석 결과 정보보기

➡ Info: 일반적인 분석 관련 정보,

➡ File: 업로드한 파일의 크기, 타입, VirusTotal 검사 결과 등의 정보

➡ Signature: 업로드한 파일의 파일 서명 정보

➡ Screenshots: 업로드한 파일의 분석과정 스크린샷

➡ Static: 업로드한 파일의 정적 분석 결과

➡ Dropped: 업로드한 파일에서 드랍한 파일들 정보

➡ Network: 업로드한 파일의 네트워크 연결 정보

➡ Behavior: 업로드한 파일의 행위 분석 결과

➡ Volatility: 메모리와 같은 휘발성 데이터 분석 결과

➡ PCAP: 분석 시 캡처 파일(.pcap) 제공 기능

- Download Report: 분석된 결과를 HTML로 다운로드 하는 기능
- Download Files: 분석으로 인한 각종 파일들을 다운로드 하는 기능

식별팁

여러 가지 도구로 분석할 여건이 되지 않는다면 Cuckoo 도구를 설치하여 활용하는 것이 좋은 방법이나 Cuckoo 도구의 결과를 활용할 정도의 지식은 갖고 있어야 한다.

7

내 PC를 지켜줘

도구 빠르게 사용하기

Process Explorer

1. Process Explorer 실행
2. 의심되는 프로세스 더블클릭
3. Image 탭에 Verify 버튼 클릭
4. "(서명을 찾을 수 없습니다.)" 라고 표시되면 악성 코드로 의심

1. Process Explorer 실행
2. Process 메뉴 → Check VirusTotal 클릭
3. Virus Total 컬럼의 결과를 보고 악성 코드로 의심

WireShark

1. Wireshark를 실행하여 패킷 캡처를 완료
2. Analyze → Export Info 클릭
3. Errors, warnings, Details 탭을 클릭하여 현재 네트워크에 정상이 아닌 패킷을 발생시키는 원인 분석 가능

1. Wireshark를 실행하여 패킷 캡처를 완료
2. File → Export Objects → 저장할 프로토콜(HTTP, DICOM, SMB/SMB2) 클릭
3. Save As(혹은 Save All) 클릭
4. 백신에 탐지되면 악성 코드로 의심 가능(혹은 다른 분석 도구를 사용 악성코드로 식별 가능)

LastActivityView

1. IPS 혹은 다른 보안 장비에서 탐지된 공격 시간 체크
2. LastActivityView 실행
3. LastActivityView 화면 결과 중 탐지된 공격 시간 근처에 내용을 참고하여 악성코드 식별

BrowsingHistoryView

1. IPS 혹은 다른 보안 장비에서 탐지된 공격 시간 체크
2. BrowsingHistoryView 실행
3. BrowsingHistoryView 화면 결과 중 탐지된 공격 시간 근처에 내용을 참고하여 악성코드 식별

HWPScan2

1. 툴바에 "파일 열기" 클릭 후 검사를 원하는 파일을 선택
2. 툴바에 취약점 검사 클릭
3. Scan Result 창에 빨간색으로 표시된 부분이 있는 지의 여부로 악성코드 식별

OfficeMalScanner

1. cmd 명령어 실행
2. "OfficeMalScanner.exe 점검할 파일명 scan brute debug" 실행
3. 결과를 통해 악성코드 식별 가능

Autoruns

1. Autoruns 실행
2. 메뉴 → Options
3. Scan Options → Verify code signature, Check virusTotal.com 체크
4. Rescan 클릭
5. Publisher 컬럼과 VirusTotal 컬럼을 참고하여 식별

HxD

1. 파일 → 파일열기 → 점검을 원하는 파일 클릭
2. 찾기 → 찾기를 클릭
3. “http”, “exe” 혹은 악성코드가 자주 사용하는 API 명(URLDownloadToFileA, CopyFileA 등)으로 검색한 후 내용을 살펴보며 악성코드 식별

BinText

1. Browse → 점검을 원하는 파일 클릭 → Go 버튼 클릭
2. “http”, “exe” 혹은 악성코드가 자주 사용하는 API 명(URLDownloadToFileA, CopyFileA 등)을 입력한 후 Find 버튼을 클릭하여 내용을 살펴보며 악성코드 식별

내 PC를 지켜줘

8

도구별 식별팁 모음

Process Explorer

식별팁

프로세스 속성 → Image 탭 → Verify 버튼 클릭 →"(서명을 찾을 수 없습니다)"라고 표시된 서명되지 않은 프로세스는 악성코드로 의심해 볼 수 있다.

page number: 14

식별팁

String 탭에 표시되는 정보 중 실행파일(.exe) 혹은 다른 형태의 파일을 URLDownloadToFileA() 함수 등을 사용하여 다운로드 받거나 CopyFileA() 함수 등을 이용하여 자동 실행 영역에 복사를 하는 행위 등을 확인하면 악성코드로 의심해 볼 수 있다.

page number: 15

식별팁

C&C 서버와의 통신에 의해 실행되는 악성 코드가 많기 때문에 TCP/IP 탭에 의심되는 혹은 알지 못하는 IP와 통신이 있는 경우 악성코드로 의심해 볼 수 있다.

page number: 15

식별팁

DLL도 프로세스와 마찬가지로"(서명을 찾을 수 없습니다)"라고 표시된 서명되지 않은 DLL은 악성코드로 의심해 볼 수 있다.

page number: 17

식별팁

악성코드를 개발하는 자는 개발 시 대부분 Description이나 Company name, ASLR 등을 신경 쓰지 않는다. Process Explorer의 화면에서 보는 바와 같이 많은 프로그램이 보안성 강화를 위해 ASLR로 개발된 것을 볼 수 있다.

page number: 18

식별팁

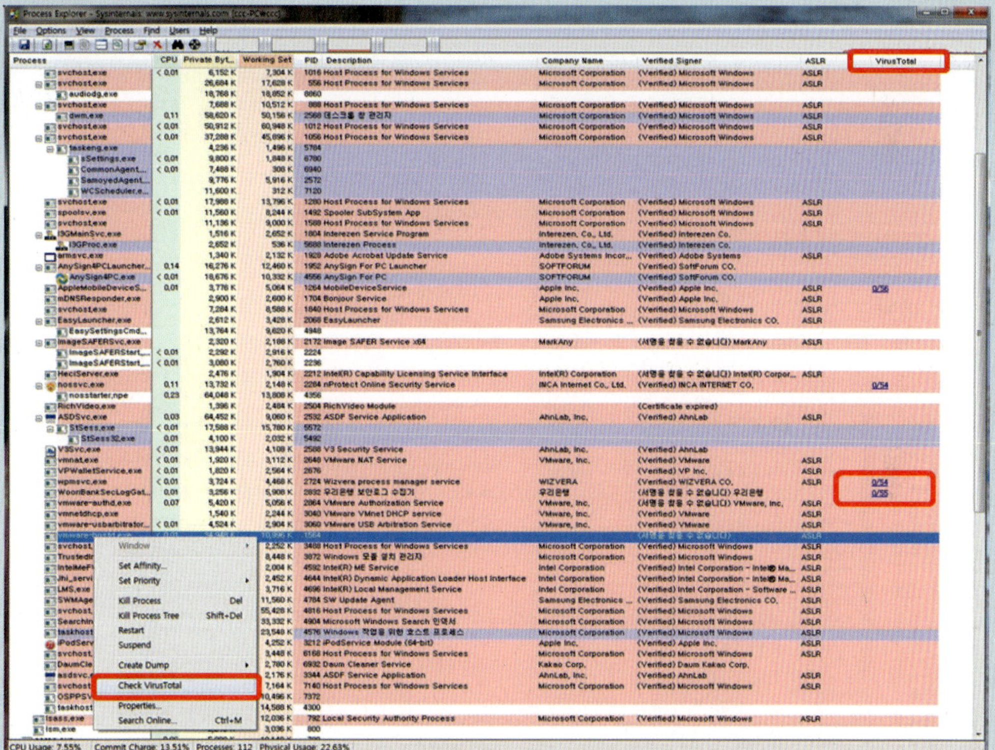

담당자가 악성코드에 대한 지식이 전혀 없다면 의심이 되는 프로세스에 마우스 오른쪽 클릭 후 “Check VirusTotal” 버튼을 클릭하여 바이러스 토털 컬럼의 결과를 확인하면 편리하다. (화면에 0/55는 전 세계 55개의 백신이 해당 파일을 점검하여 0개의 백신이 탐지를 했음을 나타내는 것이다.) 단, 결과가 0개라고해서 악성코드가 아니라고 단정할 수는 없다.

page number: 18

Process Monitor

식별팁

담당자가 직접 식별하기 어려울 경우 프로세스 모니터 프로그램의 로그(.PML)를 저장하여 분석 전문가에게 의뢰하는 방법을 이용할 수도 있다.

page number: 23

식별팁

필터는 툴바의 필터링을 이용하는 것보다 상기 그림에서 보는 바와 같이 메인화면에서 마우스 오른쪽을 클릭해서 식별하는 것이 더 간편하다.

page number: 26

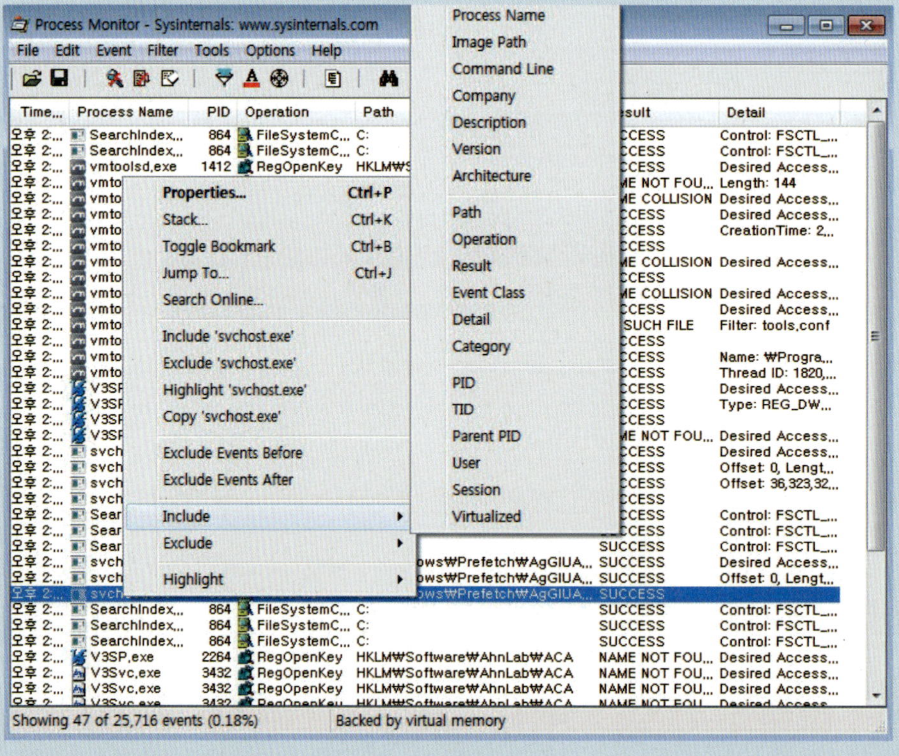

식별팁

하이라이트는 툴바의 "Highlight"버튼을 이용하는 것보다 상기 그림에서 보는 바와 같이 메인화면에서 마우스 오른쪽을 클릭해서 분석하는 것이 더 간편하다.

page number: 28

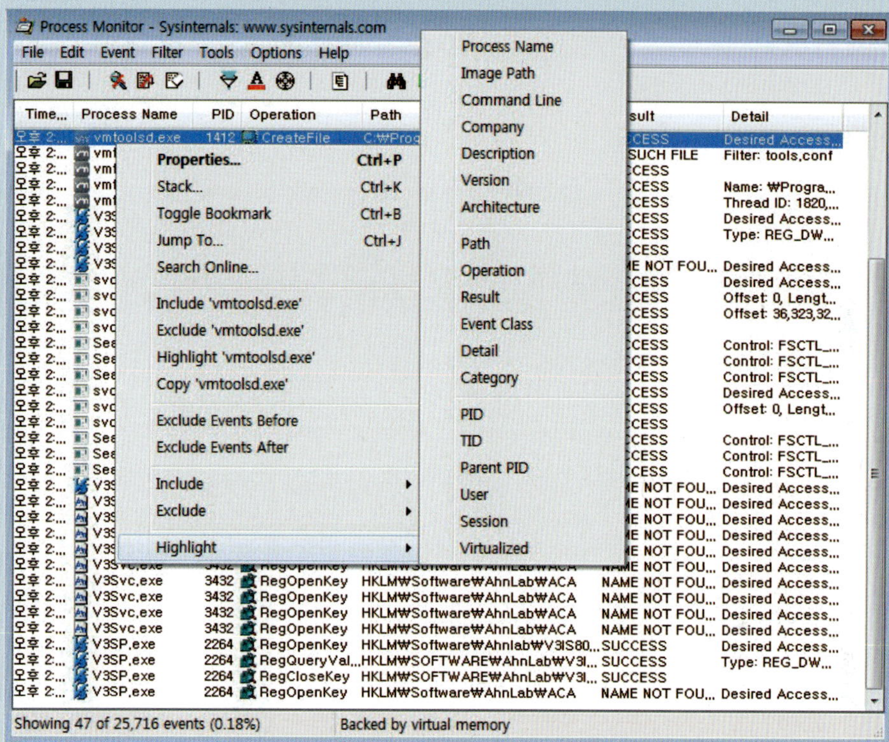

식별팁

프로세스 트리 화면에서 악성코드로 의심이 되는 프로세스를 클릭 후 "Go To Event"를 클릭하면 의심이 되는 프로세스의 가장 처음 이벤트로 이동한다. 또한 해당 프로세스의 이벤트만 보기 원하면 "Include Process" 버튼을 클릭한다.

page number: 30

식별팁

모니터링 정보가 많기 때문에 초기 분석 시에는 ①, ②, ③, ④ 버튼을 하나씩만 누른 상태에서 모니터링해보면 좀 더 효율적인 식별이 가능하다.

page number: 34

Wireshark

식별팁

"ip.addr == 공격자로 의심되는 IP주소"하여 패킷을 필터링하면 식별이 쉬워진다.

page number: 41

식별팁

데이터링크 계층(ethernet)을 분석하기 위해서 네트워크 계층(IP)을 disable하면 식별이 쉬워진다.

page number: 42

식별팁

악성코드의 파일 타입(exe, jar, jpg 등)과 악성코드명을 알 경우 쉽게 검색하여 찾을 수 있다.

page number: 42

식별팁

Wireshark 도구를 잘 다루지 못하는 담당자도 Packet warning 메시지를 활용하면 식별이 더욱 쉽다. Warnings 탭으로 대략적인 정보 확인 후 Details 탭을 클릭하면 Warning 메시지에 대한 상세한 정보를 볼 수 있다.

page number: 44

식별팁

Drive-by-Download 공격과 같이 웹 페이지에 접속하여 악성코드에 감염되는 경우 패킷을 분석할 필요 없이 Export objects 메뉴를 이용하면 악성코드를 쉽게 샘플링할 수 있다.
page number: 45

식별팁

이 메뉴를 사용하면 패킷을 분석하지 않고 어떤 사이트에서 접속하는지 쉽게 알 수 있으며 악성코드 다운로드 사이트도 쉽게 찾을 수 있다.
page number: 45

식별팁

이 메뉴를 통해 패킷을 다량으로 유발하는 프로토콜 명을 알 수 있으며 네트워크가 느려질 경우 이 메뉴를 통해 악성코드가 어떤 패킷을 다량으로 유발하는지 알 수 있다.
page number: 46

Message Analyzer

식별팁

Message analyzer 도구는 Wireshark와 기능이 유사하나 다양한 차트를 지원하고 있어 보고용으로 적합하고 Wireshark는 악성코드 식별이 편리한 기능을 제공하고 있으며 인터넷에 공개된 자료도 많기 때문에 식별에 사용하는 것이 적합하다.
page number: 54

Netstat

식별팁

좀비PC에 감염된 경우 C&C로 의심이 가는 IP에 대해 연결 상태가 "established", "syn_sent", "time_wait", "close_wait"의 경우를 보면 된다. -p 옵션은 "established"상태를 보여주므로 연결대상에 대해 쉽게 분석이 가능하다.

page number: 58

식별팁

netstat와 유사한 기능을 제공하는 도구가 많은데 단순 연결 정보만 확인하려면 Process Explorer를 이용하고 좀 더 많은 데이터를 알고 싶으면 TCPView, CurrPorts를 이용한다.

page number: 59

TCPView

식별팁

담당자가 직접 식별하기 어려울 경우 TCPView 프로그램의 저장하기 기능을 이용하여 분석 전문가에게 의뢰하는 것이 좋다.

page number: 61

식별팁

C&C 서버에 의해서 제어되는 악성코드는 TCPView의 State와 주고받은 데이터(Send Packet/Bytes, Rcvd Packets/Bytes) 칼럼을 살펴보면 된다. 즉, 연결 준비, 연결 상태(TIME_WAIT, CLOSE_WAIT, SYN_SENT, ESTABLISHED, LAST_ACK) 등의 경우에 데이터를 주고받은 내용이 있으면 C&C 서버로 의심해 볼 수 있다.

page number: 63

식별팁

악성코드의 경우 C&C 서버와 항상 통신하는 것이 아니기 때문에 연결 상태를 확인하는 동시에 Send Packets/Bytes나 Rcvd Packets/Bytes 필드도 같이 확인하는 것이 좋다.

page number: 65

CurrPorts

식별팁

담당자가 직접 식별하기 어려울 경우 CurrPorts의 메인화면을 저장하여 분석 전문가에게 의뢰하는 방법을 이용할 수도 있다.

page number: 69

LastActivityView

식별팁

LastActivityView 도구만으로는 악성코드 식별이 어렵고 IPS 등 다른 보안 시스템의 공격 탐지 시간 등을 고려하여 식별해야 한다.

page number: 78

BrowsingHistoryView

식별팁

BrowsingHistoryView 도구만으로는 악성코드 식별이 어렵고 IPS 등 다른 보안 시스템의 공격 탐지 시간 등을 고려하여 도구를 활용해야한다.

page number: 82

HWPScan2

식별팁

HWPScan2 도구는 리버스 엔지니어링에 대한 지식 없이도 한글파일의 취약점 존재 여부를 확인할 수 있다.

page number: 87

PDFDot

식별팁

PDFDot.exe 도구는 리버스 엔지니어링 지식 없이 PDF 파일의 분석이 가능하나 기능이 매우 제한적이고 프로그램 실행 시 에러가 많아 PDF 파일 분석 시에는 전문가의 도움을 받을 것을 추천한다.

page number: 91

OfficeMalScanner

식별팁

OfficeMalScanner.exe 도구 또한 리버스 엔지니어링 지식 없이 오피스 파일(ppt, doc, xls) 파일의 분석이 가능하나 기능이 매우 제한적이기 때문에 파일 분석 시에는 전문가의 도움을 받을 것을 추천한다.

page number: 94

Autoruns

식별팁

악성코드가 자주 사용하는 "temp" 등의 디렉토리명으로 검색하여 식별할 수 있다.
page number: 98

식별팁

메뉴 → Scan Options → Verify code signature, virustotal 체크 → rescan 클릭하여 "Not verify"나 Virus Total 컬럼에 빨간색으로 표시되면 악성코드로 의심해 볼 수 있다.
page number: 100

HxD

식별팁

리버스 엔지니어링에 대한 지식이 없이도 HxD의 문자열 정보(③번창)를 통해 악성코드임을 추측할 수 있다. 악성코드는 주로 다른 IP나 URL이 표시되거나 특성 디렉터리로 파일을 복사 및 이동 등의 내용을 볼 수 있다.
page number: 103

MBR 복구

식별팁

감염으로 의심되는 시스템에 악성코드에 대한 모든 증거가 존재하기 때문에 MBR을 훼손하는 악성코드의 경우 반드시 위와 같은 방법으로 MBR을 복구하여 악성코드를 식별 및 분석해야한다. 운영체제를 다시 설치하면 증거가 삭제되므로 절대 금물!

page number: 111

분석자동화 도구(Cuckoo)

식별팁

여러 가지 도구로 분석할 여건이 되지 않는다면 Cuckoo 도구를 설치하여 활용하는 것이 좋은 방법이나 Cuckoo 도구의 결과를 활용할 정도의 지식은 갖고 있어야 한다.

page number: 121

내 PC를 지켜줘

9

무료 제공 웹사이트

제1절 무료도구 제공 웹사이트

1.1 MS sysinternal

사이트 주소

도구설명 및 다운로드: https://technet.microsoft.com/ko-kr/sysinternals

도구다운로드전용웹사이트: https://live.sysinternals.com

사이트 설명

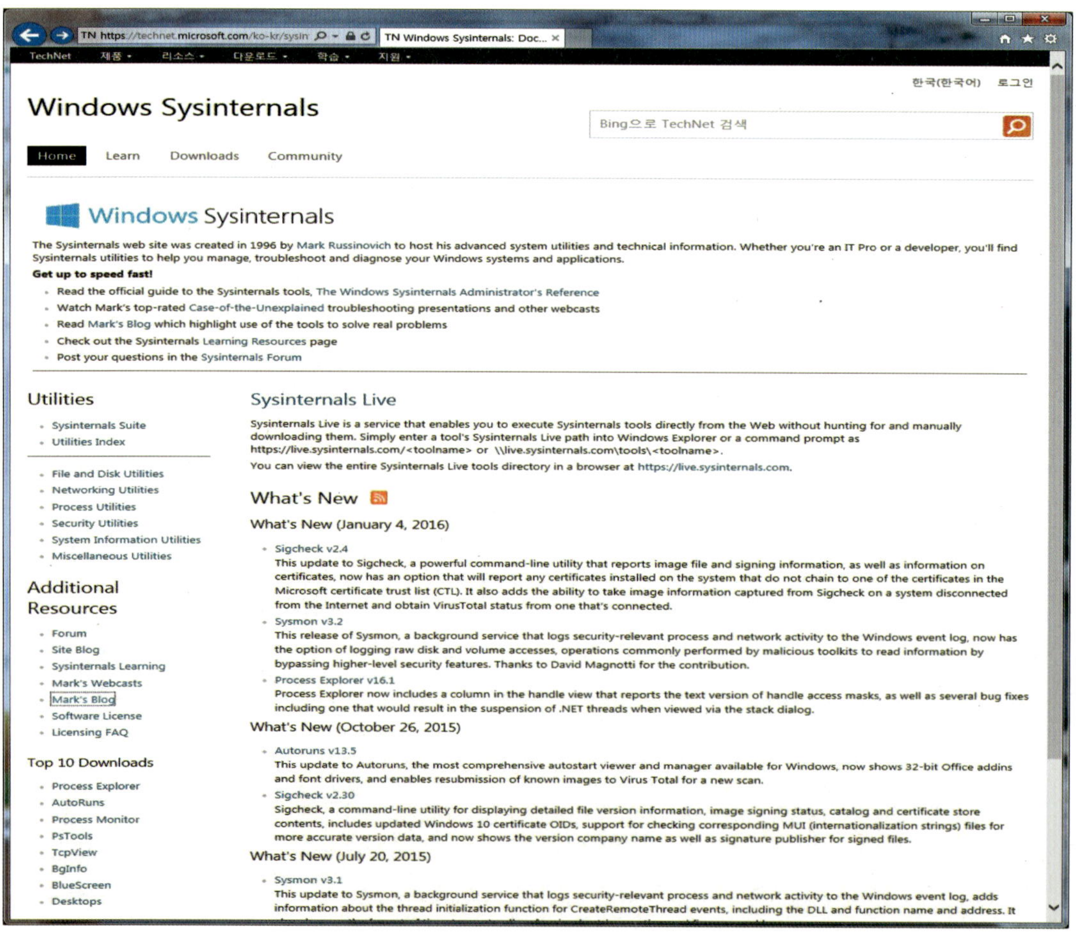

제공하는 도구들

- 파일 및 디스크 유틸리티: Process Monitor 등 파일 수정 및 삭제 명령 보기, 원격 오픈된 파일 보기, 디스크 사용량 보기 등의 도구를 제공한다.
- 네트워킹 유틸리티: TCPView 등 네트워크 공유 파일, 원격 오픈된 파일 보기 등의 도구를 제공한다.
- 프로세스 유틸리티: Process Explorer 등 프로세스 정보 보기 등의 도구를 제공한다.
- 시큐리티 유틸리티: Autoruns, Process Explorer 등 보안과 관련된 도구를 제공한다.
- 시스템 정보 유틸리티: Process Explorer, Process Monitor 등 시스템 정보를 볼 수 있는 도구를 제공한다.
- 기타 유틸리티: Strings 등 로그 덤프, 레지스트리 관련 도구를 제공한다.

1.2 Nirsoft

사이트 주소

http://nirsoft.net/utils/index.html

사이트 설명

제공하는 도구들

➡ 패스워드 유틸리티: 공유폴더, 인터넷 익스플로러, MS 아웃룩, 라우터, 원격데스크탑 등의 패스워드 복구 관련 도구를 제공한다.

➡ 시스템 유틸리티: 레지스트리 보기, 파일 타입 보기 등 시스템 관련 정보 보기 도구를 제공한다.

➡ 브라우저 유틸리티: 모질라, 크롬 등의 웹브라우저 히스토리, 쿠키, 캐시 등의 브라우저 관련 정보 보기 도구를 제공한다.

- 프로그래머 유틸리티: dll 익스포트 함수 보기 등 디버깅 관련 도구를 제공한다.
- 네트워크 유틸리티: CurrPorts 등 스니핑, 원격 연결 포트, 네트워크 포트 정보 보기 관련 도구를 제공한다.
- MS 오피스 관련 유틸리티: 아웃룩의 첨부 파일 보기, 오피스 현재 상태 보기 등 오피스 정보 보기 관련 도구를 제공한다.
- 포렌식 유틸리티: 인터넷 익스플로러 히스토리, 캐시, 쿠키 보기 등의 도구를 제공한다.

1.3 McAfee

사이트 주소

http://www.mcafee.com/sg/downloads/free-tools/index.aspx

사이트 설명

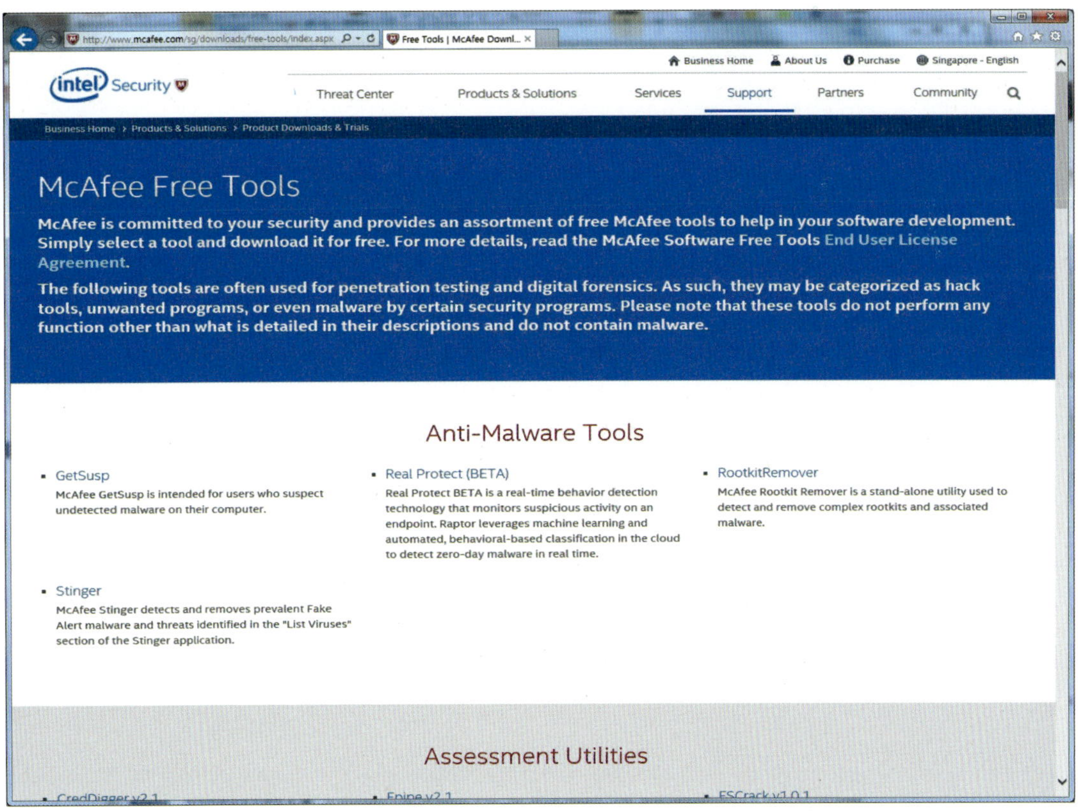

제공하는 도구들

- Anti-malware 유틸리티: 루트킷 제거, 행위 기반 탐지 등의 도구를 제공한다.
- Assessment 유틸리티: penetrating testing, 캡차 분석, 가상머신 테스팅 도구를 제공한다.
- 포렌식 유틸리티: BinText, 웹브라우저 포렌식, TCP/UDP 열린 포트 리포팅 등의 도구를 제공한다.
- 파운드스톤 SASS 유틸리티: 파운드스톤社에서 제공하는 웹서비스, SSL(Secure Socket Layer) 등의 테스팅 도구를 제공한다.
- 침입탐지 유틸리티: 파일, 포트 모니터링 및 탐지 도구를 제공한다.
- 스캐닝 유틸리티: 백오리피스, LSASS(Local Security Authority Subsystem Service), MS05-039 등 스캐너 및 SuperScan 등 시스템 스캐닝 도구를 제공한다.
- 기타 유틸리티: 이 외에도 다양한 테스팅 도구 및 스팸 관련 도구를 제공한다.

제2절 무료 분석정보 제공 웹사이트

1.1 악성코드 배포 정보

사이트 주소

http://www.securitylab.kr

사이트 설명

현재 탐지된 악성코드 배포 정보를 제공하는 웹사이트이다.

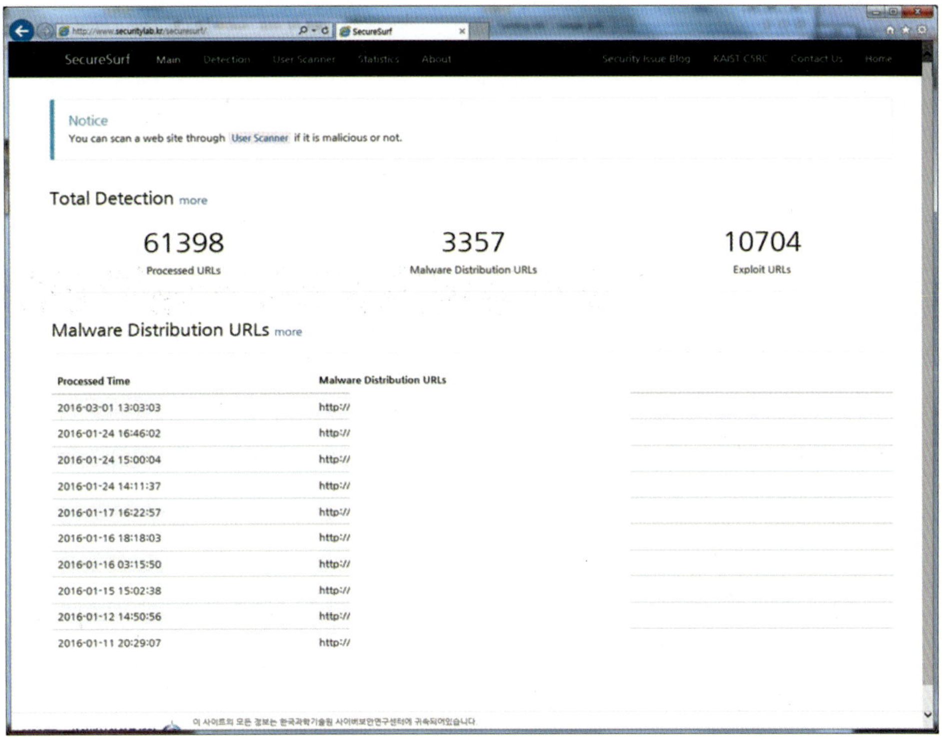

➡ 접속한 후 메인화면은 위의 그림과 같고 탐지, 사용자 스캐너, 통계 등의 정보를 추가로 제공한다.

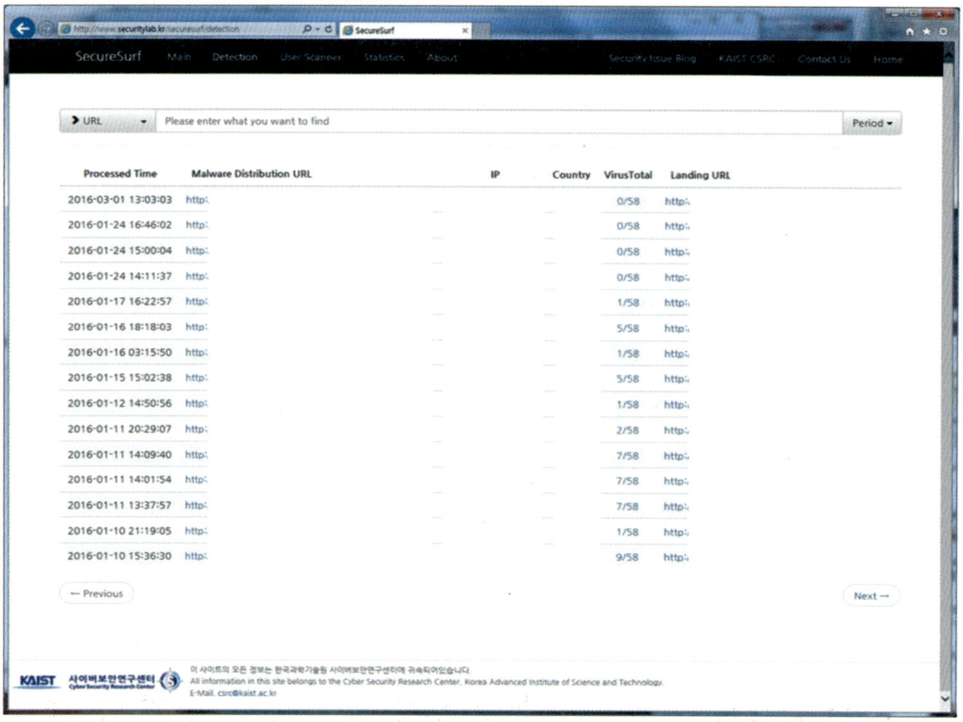

➡ 탐지 메뉴: 악성코드 탐지 시간, 악성코드에 대한 각종 정보(배포 URL, 이용하는 취약점 CVE-ID, 악성코드명 등), VirusTotal 점검 정보 등을 제공한다.

➡ "Malware Distribution URL" 컬럼에 탐지된 URL을 클릭하면 위의 화면에서 보는 바와 같이 URL 정보, 파일 분석 정보, URI 호출 트리 정보, CVE-ID 등을 자세하게 볼 수 있다.

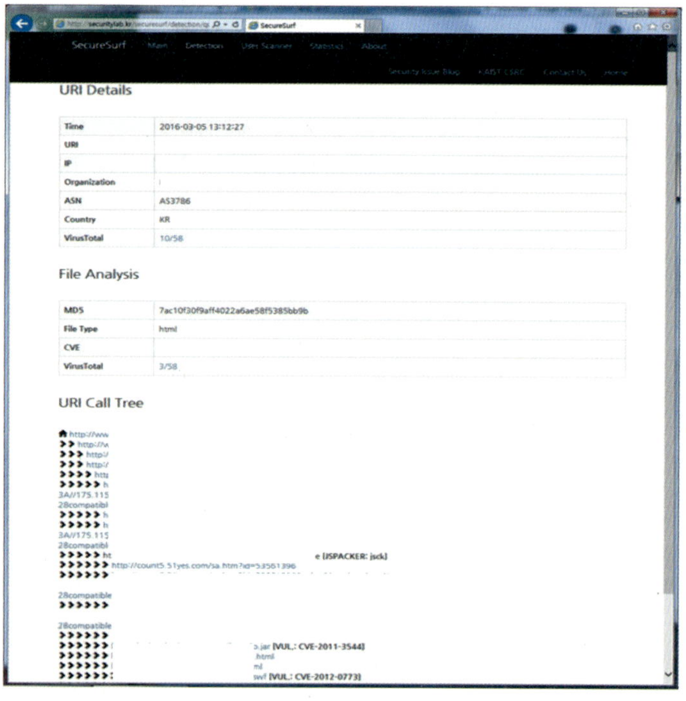

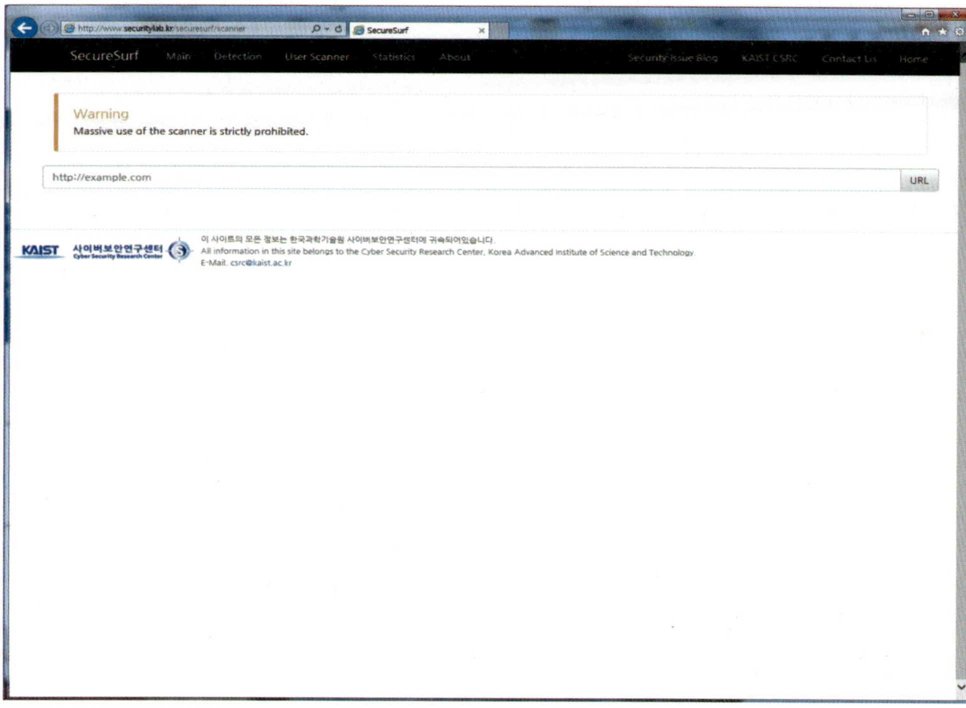

➡ 사용자 스캐너 메뉴: URL을 입력하면 악성코드 감염 여부 점검이 가능하다.

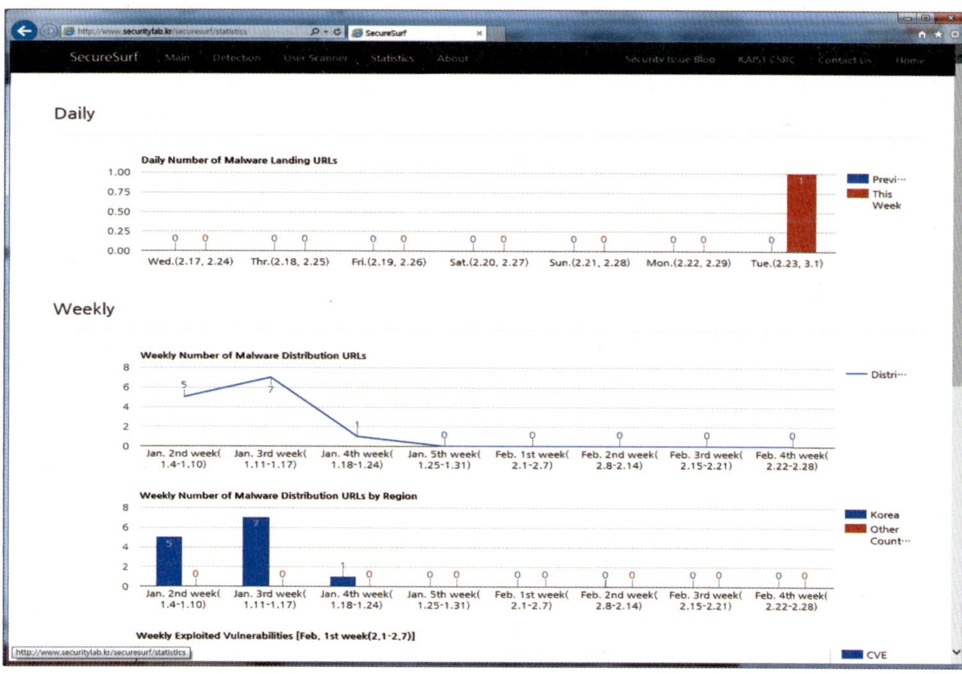

➡ 통계 메뉴: 일간, 주간 악성코드 통계 정보를 제공한다.

1.2 악성코드 분석 서비스 제공

사이트 주소

https://www.virustotal.com/ko/documentation/mobile-applications

사이트 설명

의심이 되는 악성코드(파일, URL)를 무료로 점검해주는 웹사이트이다.

본 사이트를 잘 활용하면 바이러스 점검을 지원하는 브라우저 플러그인, 공개된 API를 활용한 시스템 제작, 이메일 첨부 파일 점검 등의 다양한 서비스를 제공받을 수 있다.

➡ 접속한 후 메인화면은 위의 그림과 같고 의심스런 파일 및 URL, 점검 기능, 각종 통계 기능을 제공한다.

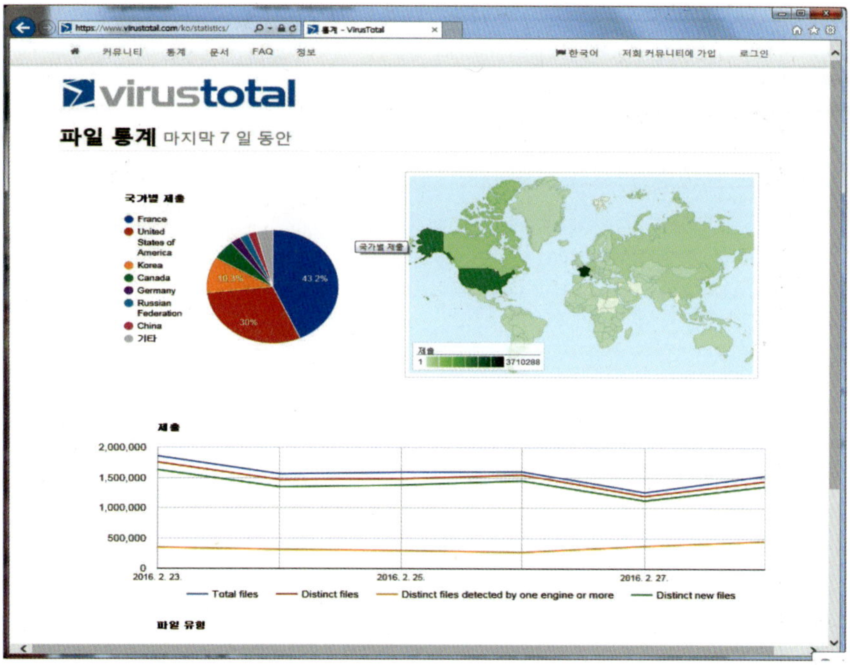

➡ 국가별, 악성코드의 파일 유형 등의 통계 정보를 제공한다.

추가 기능

악성 여부 검색 기능

➡ 메인화면 → 검색 클릭하면 "검색어입력" 란에 hash 값, URL, domain, IP 주소 등을 입력하여 악성코드 여부를 검색할 수 있다.

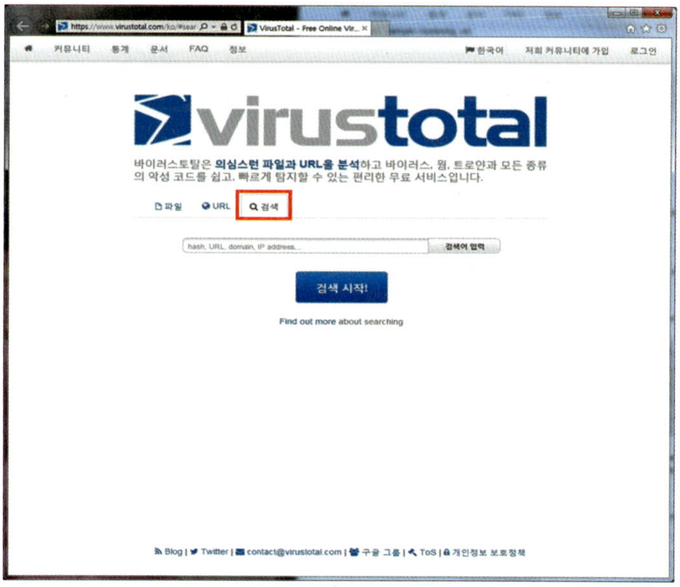

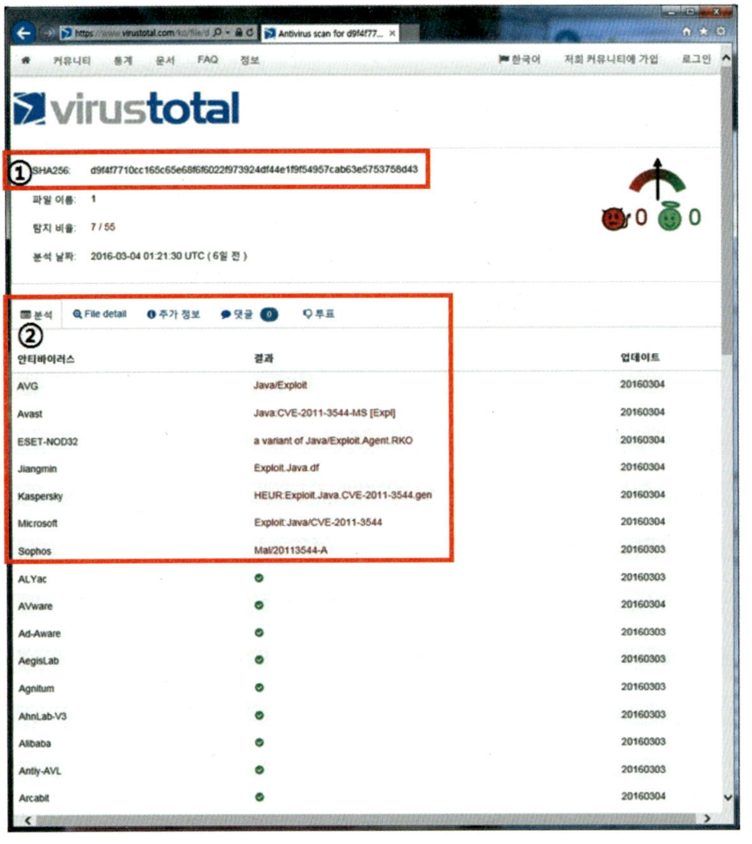

➡ ①에서 보는 바와 같이 해시값을 입력해서 검색하면 상기와 같은 화면이 보인다.

➡ ②에서 보는 바와 같이 해당 해시값 정보를 통해 총 55개의 안티바이러스 제품 중 7개의 제품에서 악성이라고 분석한 내용을 볼 수 있다.

➡ 이 외에도 파일 상세 및 추가 정보, 또 다른 사용자의 의견 등의 정보를 제공한다.

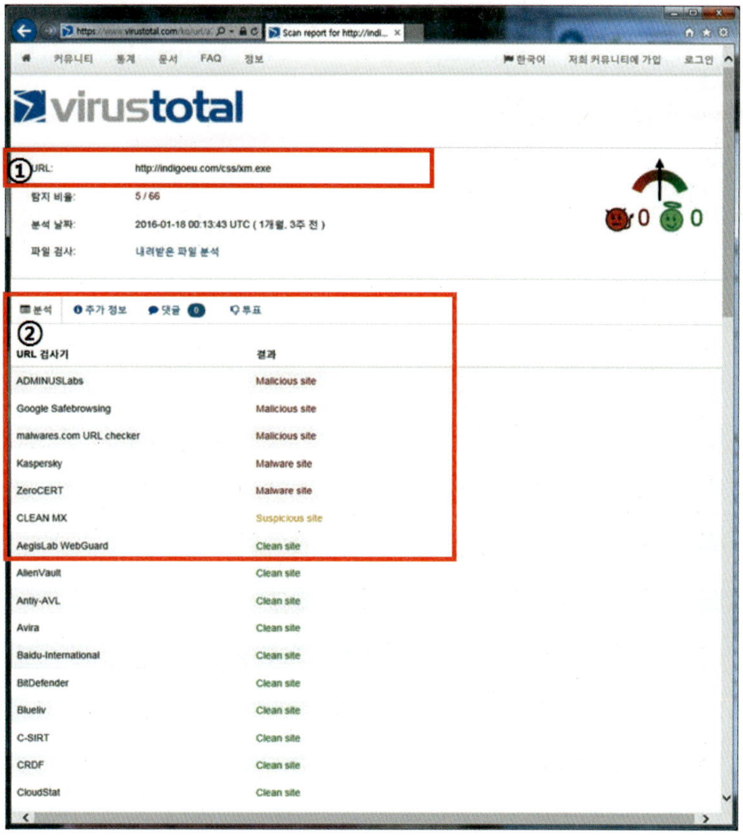

➡ ①에서 보는 바와 같이 악성으로 의심되는 파일을 포함한 URL을 입력해서 검색하면 상기와 같은 화면이 보인다.

➡ ②에서 보는 바와 같이 해당 해시값 정보를 통해 총 55개의 안티바이러스 제품 중 5개의 제품에서 악성이라고 분석하였고 1개의 제품에서 의심이 가는 사이트라고 분석한 내용을 볼 수 있다.

➡ ①에서 보는 바와 같이 좀비PC로 의심되는 IP주소를 입력해서 검색하면 상기와 같은 화면이 보인다.

➡ ②에서 보는 바와 같이 해당 IP주소에서 최근 URL에 호스팅되어 탐지된 URL 목록 등의 정보를 제공한다.

공용 API 제공

➡ 제공하는 공용 API는 개발자들에게 제공하는 API로 바이러스토털의 기능을 구현할 수 있는 API를 제공한다.

공용 API를 이용한 기능 확장

➡ SMTP를 이용하여 점검하고자 하는 파일을 업로드하고 결과를 메일로 받는 서비스를 제공한다. 서비스 받고자 하는 파일이 32MB를 초과하면 서비스를 제공받을 수 없다.

Firefox, Chrome, Internet Explorer 브라우저의 바이러스토털 플러그인 제공 (Firefox 플러그인 설치 방법)

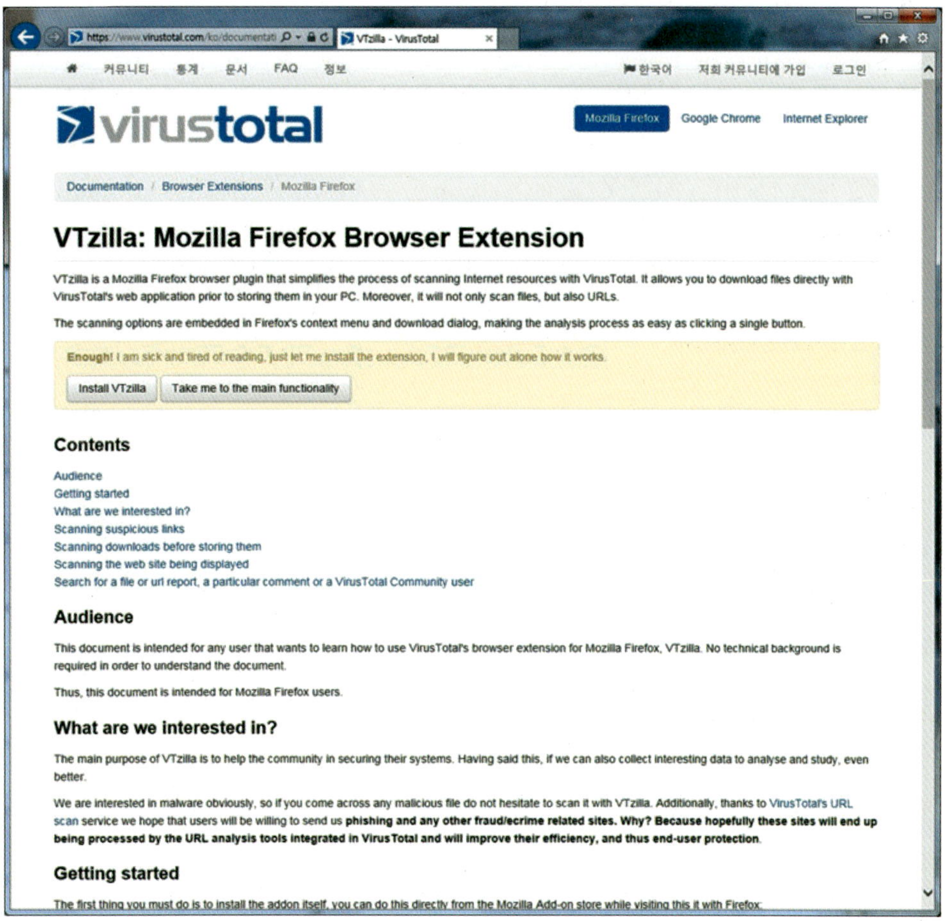

➡ https://www.virustotal.com/ko/documentation에 접속하여 Virus Total's browser extensions 링크를 클릭하면 위와 같은 화면이 보인다.

➡ Firefox용 바이러스토털 플러그인을 설치하려면 ①을 클릭하여 설치하고 Chrome은 ②번을 클릭, Internet Explorer를 ③을 클릭하여 설치한다. 설치 예제는 Firefox를 보여준다. ①번을 클릭한다.

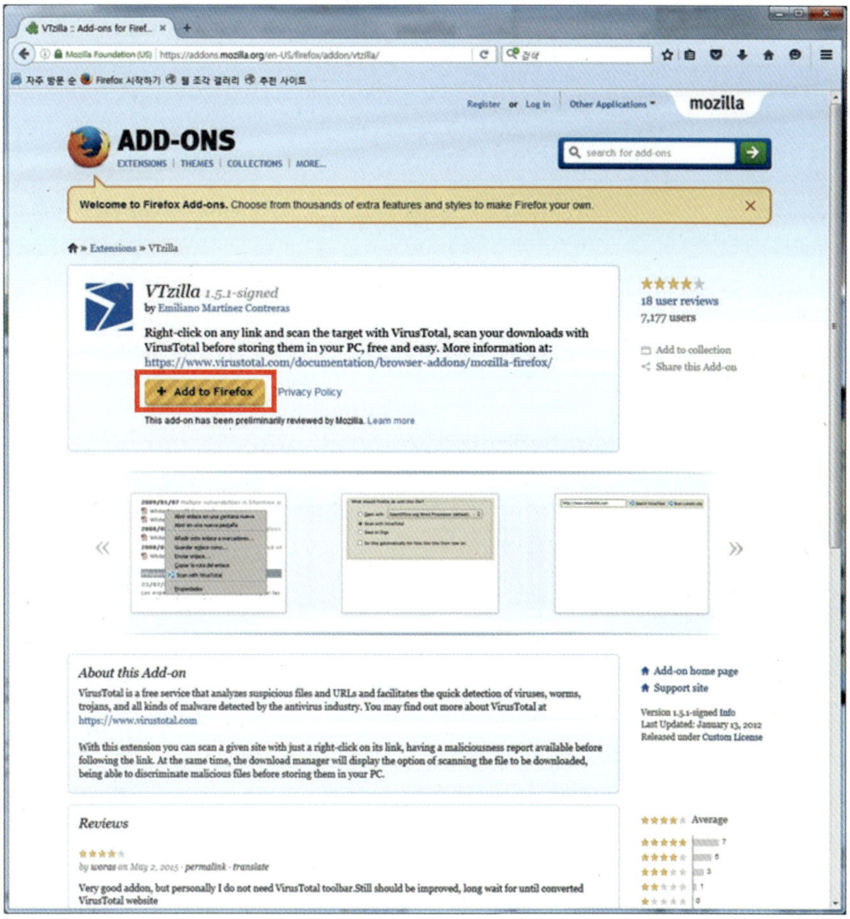

➡ Firefox용 플러그인 설치를 위해서는 "Add to Firefox"를 클릭한다.

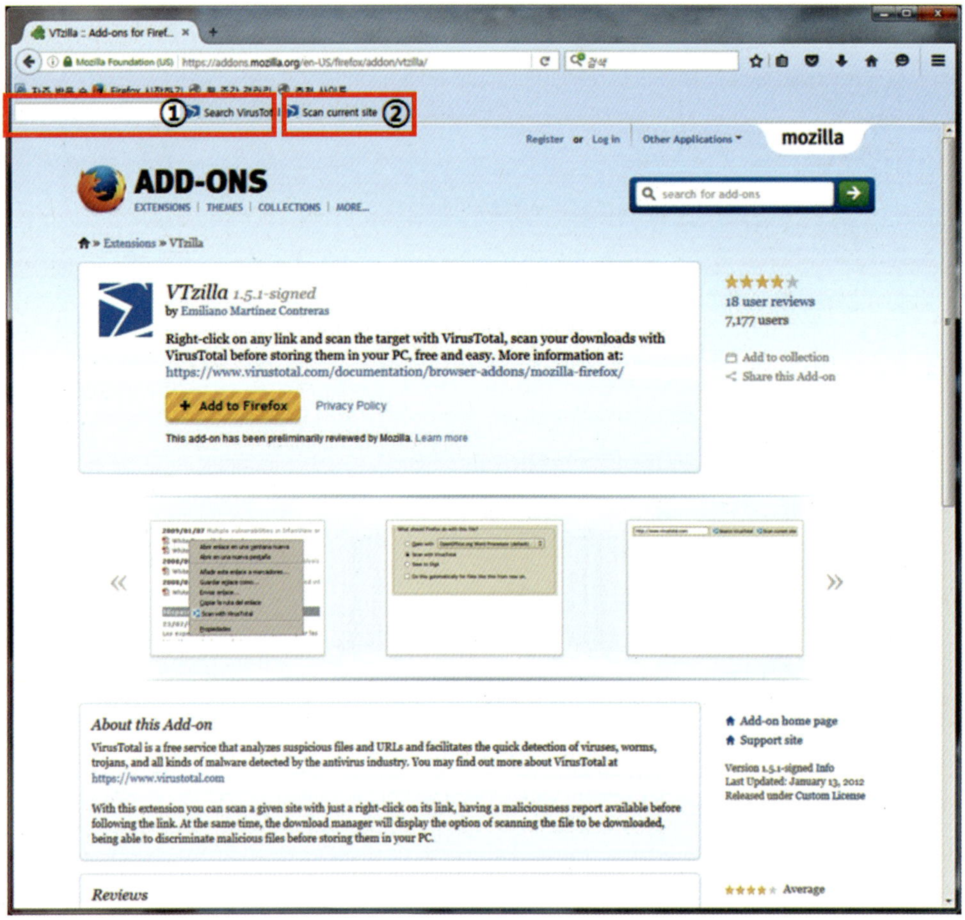

➡ 설치가 완료되면 위에서 보이는 바와 같은 2개의 기능이 브라우저에 생긴다.

➡ ① 기능은 바이러스토털의 검색 기능과 동일하다. 점검을 원하는 URL, 파일의 체크섬, IP 주소를 입력하면 이에 대한 악성코드 분석 결과를 제공한다.

➡ ② 기능은 현재 접속한 사이트의 감염 여부 분석 결과를 제공한다.

➡ 웹사이트의 링크에 대해 마우스 우클릭하면 해당 파일 혹은 URL을 스캔하여 분석한 결과를 제공한다.

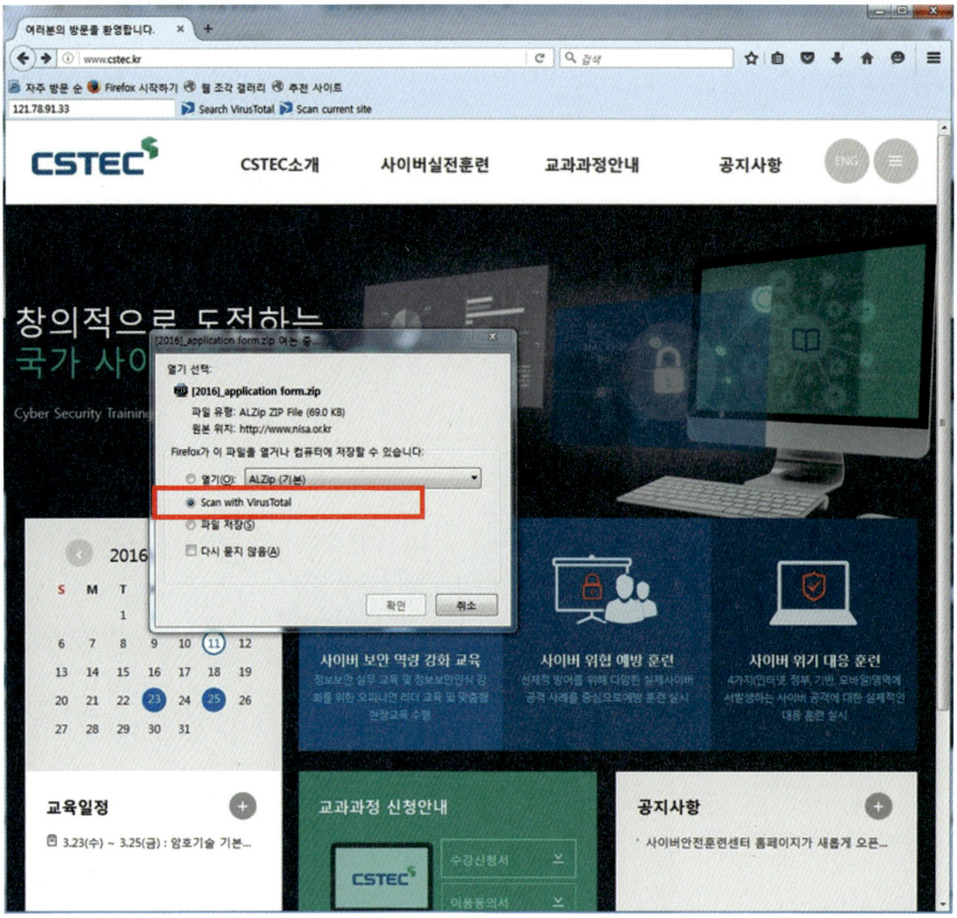

➡ 파일 저장 시 “Scan with VirusTotal” 메뉴가 추가되어 저장 전에 분석하여 결과를 보여주는 기능을 제공한다.

데스크탑 애플리케이션 제공

➡ 바이러스토털 웹사이트에 접속하지 않고도 파일 및 URL 점검 기능을 사용할 수 있도록 만든 프로그램이다.

➡ https://www.virustotal.com/ko/documentation/desktop-applications에 접속해서 “Install VirusTotal Uploader”를 클릭하여 설치한다.

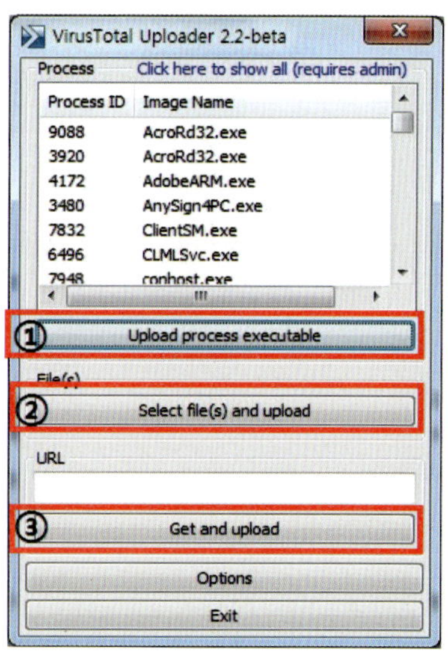

➡ VirusTotal Uploader를 실행하면 위와 같은 프로그램이 실행되고 ①(현재 실행중인 프로세스를 업로드하여 분석하는 기능), ②(파일을 업로드하여 분석하는 기능), ③(URL을 분석하는 기능) 버튼을 클릭하여 분석이 가능하다.

모바일 디바이스 애플리케이션

➡ 모바일 디바이스에서 바이러스토털 웹사이트에 접속하지 않고도 파일 및 URL 점검 기능을 사용할 수 있도록 만든 앱이다.(안드로이드 버전만 제공)

➡ Play 스토어를 실행시켜 "바이러스토탈"로 검색하면 VIRUSTOTAL社에서 제공하는 바이러스 토탈 앱을 찾을 수 있다.

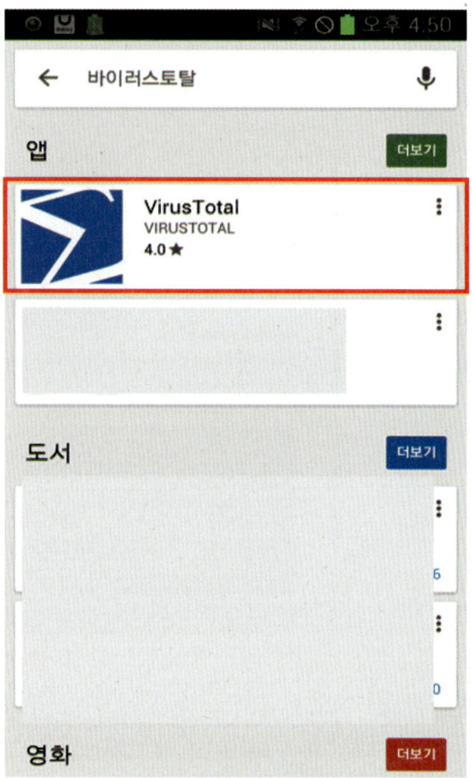

➡ "설치"를 터치하면 설치가 완료된다.

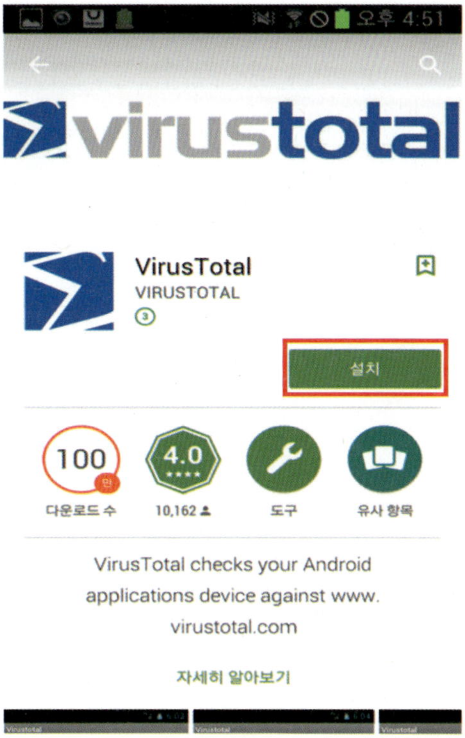

➡ 설치가 완료되어 "열기"를 클릭하면 모바일 디바이스에 설치되어 있는 앱을 점검하는데, 설치되어 있는 앱이 많으면 점검을 하는데 시간이 다소 걸린다.

➡ 점검이 완료되면 위의 화면과 같은 점검 결과가 나타난다. 점검한 결과는 사용자 앱들과 시스템 앱들로 나누어서 볼 수 있다.

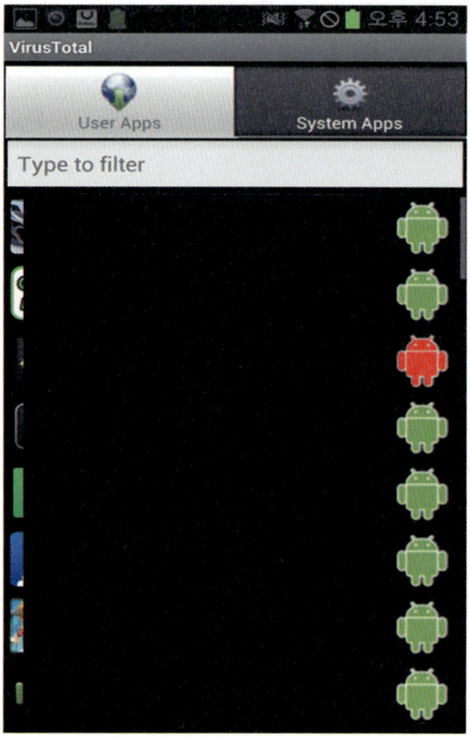

➡ 빨간색으로 점검된 항목을 터치하면 위의 화면(DrWeb 백신이 악성코드로 점검한 화면)과 같이 상세한 점검 결과를 볼 수 있다.

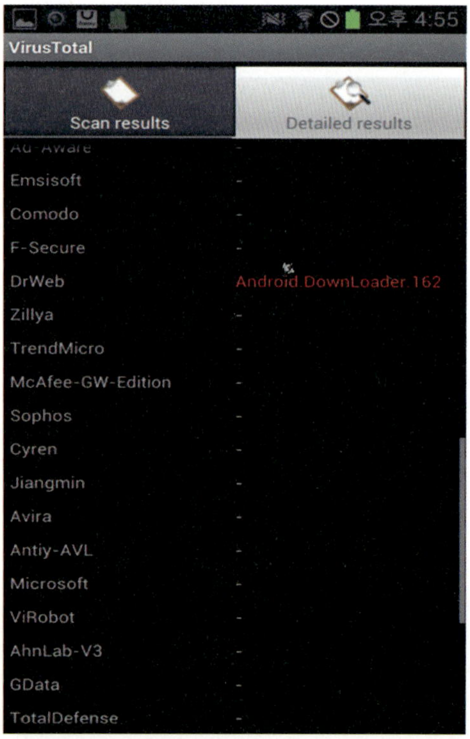

용어해설

가상머신: PC를 구성하는 하드웨어, 소프트웨어를 에뮬레이션 하여 동작하는 소프트웨어를 말한다. 이러한 기술은 PC 안에 또 다른 PC를 구동시킬 수 있는 기능을 지원한다.

덤프: 메모리나 하드디스크 등의 저장 및 기억 장치의 데이터를 추출해내는 작업을 말한다. 컴퓨터 공학 분야에서는 소프트웨어 등이 오류를 일으켰을 때 이를 분석하기 위해 자료를 추출하는 행위를 말한다.

데이터링크 계층(DataLink Layer): OSI 모델 7 계층 중 2계층으로 데이터를 전송하며 이에 대한 에러를 감지하는 수단을 제공한다. 데이터 링크 프로토콜의 예로는 이더넷(ethernet), 점대점프로토콜(PPP) 등이 있다.

동적 분석: 프로그램을 분석은 정적분석과 동적 분석으로 나뉜다. 동적 분석은 프로그램을 실행시켜 분석하는 방법을 말한다. 동적 분석을 통해 프로그램이 어떤 행위를 하는지 분석할 수 있다.

디버깅(Debugging): 프로그램 개발 시 프로그램의 오류를 확인하고 수정하는 일련의 과정을 말한다.

디스어셈블: 기계어를 어셈블러로 변화하는 과정을 말한다. 이러한 과정은 리버스 엔지니어링을 위해 필요한 과정이다. 이 반대의 과정은 어셈블이라고 한다.

레지스트리(Registry): 윈도우즈 운영체제에 설정과 관련된 모든 정보를 담고 있는 데이터베이스를 말한다.

로그(Log): 연속된 데이터의 기록을 말한다. 예를 들면 웹로그는 해당 웹페이지에 접근한 데이터에 대한 기록이다.

로그온(Log-on): 로그온은 시스템에 접근할 때 접근 권한을 얻기 위한 방법으로 사용자 인증을 하는 과정으로 로그인(Log-in)하고 같은 의미이다.

루트킷(Rootkit): 루트권한으로 여러 가지 악성코드를 설치하여 붙여진 이름으로 보통 루트킷들은 루트 권한이기 때문에 악성코드 자체나 그 행위를 감출 수 있어 탐지가 쉽지 않다.

리버스 엔지니어링(Reverse Engineering): "역공학"이라고도 하며 소프트웨어 리버스 엔지니어링은 바이너리 데이터를 이용하여 소프트웨어의 기능을 분석하는 것을 말한다.

매크로(Macro): 원하는 기능을 수행하기 위해 여러 가지 명령어 혹은 입력을 나열해 놓은 것을 말한다.

백신(Vaccine): 백신 소프트웨어를 줄여서 쓰는 말이며 안티바이러스 소프트웨어라고도 한다. 컴퓨터에 설치된 각종 악성코드를 찾아내는 소프트웨어이다.

백오리피스(Back orifice): '뒷구멍'이라는 의미의 윈도우즈 운영체제 해킹 도구이다. 백오리피스는 원격에서 시스템 명령어를 수행하여 자료를 유출하는 등 다양한 해킹 기능을 제공한다.

샌드박스(Sandbox): 프로그램이 실행될 때 시스템을 보호하기 위해 정해진 영역에서 실행하도록 하는 기법이 있는데 이를 샌드박스라 한다. 대표적으로 자바 샌드박스가 있다.

서명(Signature): 전자서명의 줄인말로 전자 문서의 작성자, 내용이 변경되지 않았음을 확인할 수 있는 전자적인 정보를 말한다.

쉘코드(Shellcode): 해킹 프로그램 내에 취약점을 일으키는 작은 크기의 코드를 말한다. 해당 코드가 쉘을 실행시키기 때문에 쉘코드라 불린다.

스니핑(Sniffing): 네트워크 상에 전송되는 패킷 정보를 수집하는 행위를 말한다.

스레드(Thread): 가벼운 프로세스(light-weight process)라고 하며 프로세스 내에 작은 단위의 프로그램 흐름을 말한다. 보통은 하나의 프로세스에 하나의 스레드가 존재하지만 여러 개의 스레드도 가질 수 있다.

스팸(Spam): 불특정 다수에게 보내는 광고나 선전을 포함하는 내용의 이메일을 말한다.

시스인터널스社(Sysinternals): 1996년도 설립된 시스템 관리, 진단, 모니터링 관련 소프트웨어를 개발하는 회사인데 2006년에 마이크로소프트에 합병되었다.

아웃룩: 마이크로소프트社에서 개발한 메일 클라이언트 프로그램이다. 이 프로그램을 설치하면 메일서버에 직접 접속하지 않고도 해당 프로그램을 통해 메일을 볼 수 있다.

앱: 응용소프트웨어를 말하는 애플리케이션(Application)을 줄인말이다.

임베디드: PC 이외에 자동차, 에어컨, TV 등에 사용되는 칩을 말한다.

정적분석: 정적 분석은 프로그램을 실행하지 않은 상태에서 분석하는 방법을 말한다.

좀비PC: 악성코드에 감염되어 C&C 서버에 의해 제어되는 PC를 말한다.

체크섬(Checksum): 프로그램이나 데이터의 오류 혹은 무결성을 보장하기 위한 검사 방법을 말한다.

캐시(Cache): 데이터는 임시로 저장해 놓는 공간을 말한다. 자주 사용하는 데이터 혹은 접속 정보 등을 임시로 저장해 놓으면 성능 상으로 이득이 된다.

캡차(CAPTCHA: Completely Automated Public Turing test to tell Computers and Humans Apart): 프로그램을 이용한 자동화된 접속과 실제 사람의 정상적인 접속을 판별해 주는 기술이다. 주로 악의적인 프로그램의 접속을 막기 위해 사용한다.

쿠키(Cookie): 웹사이트의 방문 기록을 시스템에 저장해 놓을 파일을 말한다. 쿠키에는 접속자 ID, 패스

워드 정보 등이 포함될 수 있으며 성능이나 편의성을 위해 사용한다.

파밍(Pharming): 시스템 등의 취약점을 이용해 악성코드에 감염된 PC를 이용하여 금융정보 등을 탈취하는 공격 방법이다.

패킷 (Packet): 데이터를 전송할 때 적당한 크기로 나누어서 전송하는데 이러한 데이터의 묶음을 말한다.

포렌식(Forensic): 디지털 포렌식의 줄인말로 컴퓨터 등의 디지털 기기를 대상으로 하는 범죄에 대한 증거를 확보하기 위한 수사 방법을 말한다.

프로세스 (Process): 어떠한 작업을 처리하기 위해 컴퓨터에서 실행 중인 프로그램을 말한다.

프로세스 아이디(Process ID): 프로세스의 고유한 아이디를 말한다. 동일한 프로세스라도 시스템마다 다른 수 있다.

해시(Hash): 고정된 길이의 데이터로 압축하거나 유일성을 부여하고자 할 때, 무결성을 검사할 때 사용하는 방법을 말한다.

헥사코드(Hexa code): 색상이나 데이터 등의 정보들을 16진수로 표현한 표를 말한다.

Applet: 작은 용량의 프로그램을 말하는데 주로 자바 가상 머신 상에서 실행되는 애플릿을 말한다.

ASLR(Address Space Layout Randomization): 프로그램이 메모리에 적재될 때 임의의 주소로 적재되도록 하는 기법으로 프로그램의 취약점 악용 가능성을 감소시킨다.

ARP(Address Resolution Protocol): 시스템 간의 네트워킹을 위해 논리적 주소(IP 주소)를 물리적 주소(MAC 주소)로 대응시켜주는 프로토콜이다.

CLI(Command Line Interface): 사용자가 키보드로 입력창에 명령어를 입력하는 방식의 인터페이스를 말한다.

CPU (Central Processing Unit): 컴퓨터 프로그램의 명령 실행이 이루어지는 부분으로 일반적으로 칩으로 되어 있으며 사람에 비교하면 두뇌와 같은 역할을 수행한다.

CISO(Chief Information Security Officer): 최고정보보호책임자를 말한다.

Chrome: 구글社가 개발한 오픈 소스 기반 웹브라우저의 한 종류이다.

CSV(Comma-Separated Values): 텍스트로 저장된 데이터 필드를 쉼표로 구분한 문서 포맷을 말한다.

C&C(Command & Control) 서버: 좀비PC는 서버에 의해 제어되는데 이 때 사용하는 서버를 일컫는 단어이다.

DICOM(Digital Imaging and Communications in Medicine): 의료용 디지털 영상 및 통신 표준을 말한다. 이 표준은 의료용 기기에서 디지털 영상 표현과 통신에 사용되는 여러 가지 표준을 통칭한다.

DLL (Dynamic Linking Library): 동적 링크 라이브러리는 마이크로소프트社에서 개발한 동적 라이브러리이다. 실행 파일이 실행되는 동안에 라이브러리를 로드하여 사용할 수 있다.

DOC(DOCument): 마이크로 소프트에서 개발한 워드 처리 문서 파일 포맷의 확장자이다.

Drive-by-Download 공격: 웹브라우저 취약점, 자바 취약점 등의 취약점을 이용하여 웹사이트에 접속만으로도 감염되는 공격의 한 유형이다.

FAQ(Frequently Asked Questions): 자주 묻는 질문을 뜻하는 말이다.

Firefox: 모질라 재단에서 개발한 오픈 소스 웹브라우저이다.

GUI(Graphical User Interface): 사용자가 프로그램에 명령을 내릴 때 키보드로 타이핑하지 않고 그림으로 구현한 화면에 명령을 내리는 인터페이스를 말한다.

HTML(HyperText Markup Language): 웹페이지를 보여주기 위한 문서를 만드는데 사용하는 언어를 말한다.

HTTP (HyperText Transfer Protocol): 웹 상에서 정보를 주고받을 수 있는 프로토콜이다.

IE (Internet Explorer): 마이크로소프트社에서 개발한 웹브라우저의 한 종류이다.

IP(Internet Protocol): 패킷 스위칭 네트워크 상에서 호스트 간의 데이터를 주고받는데 사용하는 정보에 대한 규약으로 호스트 간의 주소, 패킷 분할, 조립 기능을 담당한다.

IPS(Intrusion Prevention System): 네트워크 상의 패킷을 점검하여 공격을 탐지하고 차단하는 시스템을 말한다.

JAR(Java ARchive): 자바 클래스 파일과 연관된 메타데이터, 리소스를 하나의 파일로 모아서 배포하기 위한 파일 포맷

LSASS(Local Security Authority Subsystem Service): 윈도우즈 운영체제에서 시스템 보안 정책을 강화하기 위한 프로세스이다. 사용자 인증, 비밀번호 변경, 접근 제어 등의 기능을 수행한다.

MBR(Master Boot Record): 하드디스크에서 시스템이 시작될 때 필요한 정보가 저장되어 있는 영역을 말한다.

Netmask: IPv4에서 네트워크와 호스트 주소를 구분하는 32비트로 표시를 말하며 10진법으로도 표시할 수 있다.

OLE(Object Linking and Embedding): 마이크로소프트가 개발한 기술로써 문서와 기타 객체에 연결과

삽입에 대한 규약이다.

Opera: 오페라社에서 개발한 웹브라우저의 한 종류이다.

PC(Personal Computer): 개인용 컴퓨터의 줄인말이다.

PE(Portable Executable): 윈도우즈 운영체제에서 사용되는 실행 파일을 형식을 말한다. 예를 들면, exe, dll, ocx, sys, obj 파일 등이 있다.

penetrating testing: 모의 해킹이라고도 하며 인가받은 시스템 점검자가 각종 시스템 및 서비스에 대한 외부 침투 가능성을 진단하는 행위를 말한다.

PCAPNG: Wireshark에서 캡처한 패킷을 저장한 파일의 포맷이다.

PDF(Portable Document Format): 어도비 시스템즈에서 개발한 문서 및 파일 포맷으로 여러 운영 체제에서 동일하게 문서를 열람하기 위한 목적으로 만들었다.

PPT(PowerPoinT): 마이크로소프트에서 만든 각종 프레젠테이션에 사용되는 프로그램(파워포인트) 혹은 확장자를 말한다.

Safari: 애플社가 개발한 웹브라우저의 한 종류이다.

Spoofing: 속이는 행위를 뜻하는 말로 인증을 우회하여 시스템에 접근하는 행위를 말한다. 예를 들면, ARP spoofing 등이 있다.

SMB(Server Message Block): 윈도우즈 OS에서 사용되는 파일 및 프린터 공유 프로토콜이다.

SSL(Secure Socket Layer): 데이터 암호화, 무결성 등을 보장하기 위한 기술을 말한다. 전송계층과 애플리케이션 사이에 위치하며 HTTP, FTP 등의 애플리케이션 보안을 담당한다.

Task Manager: "작업관리자" 라고 하며 시스템에 현재 실행되고 있는 프로세스에 대한 사용자 권한, CPU, 메모리, 네트워크 정보를 제공한다.

TCP(Transmission Control Protocol): IP와 함께 데이터 전송에 대한 핵심 프로토콜 중에 하나로 데이터 전송 시 일련의 과정, 순서, 에러 없이 전송하도록 하는 규약이다.

TXT: 사람이 읽을 수 있는 문자열을 저장하는 텍스트 파일의 확장자이다.

UDP(User Datagram Protocol): 데이터 전송 계층의 전송 프로토콜의 하나로 TCP가 오류 정정, 재송신 등 연결지향임에 반해 UDP는 오류 정정, 재송신이 없는 비연결 지향형 프로토콜이다.

VirusTotal: 바이러스 관련 정보를 제공하는 웹사이트(https://www.virustotal.com)로 의심스러운 파일이나 URL 정보를 제공하면 이에 대한 악성 여부를 분석해주는 기능을 제공한다.

VBA(Visual Basic for Application): 마이크로소프트社에서 개발한 프로그래밍 언어를 말한다. GUI를 개발할 때 편리한 프로그래밍 언어이다.

XLS(엑셀): 마이크로소프트社에서 개발한 수식 및 통계 프로그램 및 확장자를 말한다.

XML(eXtensible Markup Language): 웹에서 사용하는 구조화된 문서를 만드는데 사용하는 언어를 말한다. 확장성이 없는 HTML의 한계를 극복하기 위해 만들어졌다.

실습 문제의 정답

2장 1절 정답

1. 프로세스 모니터를 이용하여 주어진 A.pml 파일을 분석하시오

   ➡ 다른 네트워크로 연결하는 IP는 무엇인가?

   (정답) 10.10.101.100

   ➡ 다른 네트워크로 연결하는 포트는 무엇인가?

   (정답) 2002

   ➡ 의심이 가는 악성코드명을 적으시오.

   (정답) scvhost.exe

   ➡ 해당 악성코드가 어느 디렉터리에서 실행되는지 적으시오.

   (정답) %Temp%

3장 1절 정답

1. 주어진 캡처 파일(a.pcapng)에 대해 Wireshark를 이용하여 분석하시오.

   ➡ 어떤 공격인가?

   (정답) ARP spoofing

2. 주어진 악성 파일의 행위가 저장된 캡처 파일(파밍.pcapng)에 대해 Wireshark를 이용하여 분석하시오.

   ➡ 네트워크를 통해 다운로드한 악성 파일 이름은 무엇인가?

   (정답) sms.exe

   ➡ 악성 파일을 다운로드한 서버의 IP는 무엇인가?

   (정답) 119.205.211.47

3장 4절 정답

1. TCPView를 이용하여 PC에 연결 상태의 프로세스의 정보를 저장해보시오.
   (정답) File → Save
2. TCPView를 이용하여 PC에 모든 프로세스의 정보를 Local Address 항목에 IP주소가 나오도록 저장해보시오.
   (정답) Option → Resolve Addresses → File → Save

3장 5절 정답

1. CurrPorts 도구를 이용하여 "System" 프로세스명 제외시켜는 필터링 규칙을 적용해보시오.
   (정답) "System"프로세스명에 마우스 우클릭 → Exclude In Filter → Selected Processes

※ 필터가 적용된 사항을 보려면 키보드 F9로 확인

5장 4절 정답

1. 주어진 autoruns 파일(AutoRuns.arn)에 대해서 분석하시오.
   ➡ 윈도우즈 운영체제에 로그온시 실행되는 프로세스명은 무엇인지 모두 답하시오.(XXX.exe 형식으로)
   (정답) vmtoolsd.exe, xarp.exe

찾아보기

정가 17,000원

내 PC를 지켜줘(내 PC를 보호하기 위한 분석도구 깨우치기)

2016년 6월 20일 초판 인쇄
2016년 6월 26일 초판 발행
저　자 : 양진석 · 엄정호 · 김인중 · 정태명
발행자 : 우명찬 · 송　준
발행처 : 홍릉과학출판사
주　소 : 서울시 강북구 인수봉로 50길 10
01093
등　록 : 1976년 10월 21일 제5-66호
전　화 : (02) 999-2274~5, 903-7037
팩　스 : (02) 905-6729
e-mail: hongpub@hongpub.co.kr
http://www.hongpub.co.kr
ISBN: 979-11-5600-445-5